自主水下航行器建模、控制设计与仿真

Autonomous Underwater Vehicles Modeling, Control Design, and Simulation

[印] Sabina A. Wadoo, Pushkin Kachroo
徐博　奔粤阳　译

国防工業出版社
·北京·

著作权合同登记　图字：军-2013-069 号

图书在版编目(CIP)数据

自主水下航行器建模、控制设计与仿真/(印)瓦杜(Wadoo. S. A.),
(印)凯奇罗(Kachroo, P.)著;徐博,奔粤阳译.
—北京:国防工业出版社,2013. 7
书名原文:Autonomous underwater vehicles modeling, control design, and simulation
ISBN 978-7-118-08909-7

Ⅰ. ①自… Ⅱ. ①瓦… ②凯… ③徐… ④奔…
Ⅲ. ①可潜器—研究 Ⅳ. ①U674. 941

中国版本图书馆 CIP 数据核字(2013)第 159214 号

Translation from the English Language Edition:
Autonomous Underwater Vehicles: Modeling, Control Design, and Simulation
by Sabiha Wadoo, Pushkin Kachroo
ISBN 978-3-642-15493-5

※

国防工业出版社出版发行
(北京市海淀区紫竹院南路 23 号　邮政编码 100048)
北京嘉恒彩色印刷责任有限公司
新华书店经售
*
开本 710×1000　1/16　印张 9½　字数 158 千字
2013 年 7 月第 1 版第 1 次印刷　印数 1—2500 册　定价 32.00 元

(本书如有印装错误,我社负责调换)

国防书店:(010)88540777　　发行邮购:(010)88540776
发行传真:(010)88540755　　发行业务:(010)88540717

献　辞

致我的孩子们：

Saami and Shireen Sabiha Wadoo

致我的孩子们：

Axenya and Sheen Pushkin Kachroo

译者序

本书详细介绍了自主水下航行器的建模、控制设计和仿真。重点论述了自主水下航行器的运动学和动力学非线性建模以及相应的控制设计和仿真，提出了一种可以直接解决非线性问题的新反馈控制方法，实现了系统的鲁棒控制。该技术紧密结合自主水下航行器的工程应用，充分反映了国内外该学科领域的最新研究成果，代表了自主水下航行器建模、控制设计发展中重要的技术突破，对自主水下航行器技术的发展和推广具有重要的意义。

原著于2011年出版，内容上紧跟当前自主水下航行器的发展动态和方向，解决的问题代表了该领域的技术突破，可以为我国自主水下航行器技术的研究提供有益的借鉴，在创新性、前沿性和实用性方面有较为突出的优势。此外，我国目前尚无专门介绍自主水下航行器相关技术的书籍，在该领域的研究与国外还有一定的差距。本书可作为高等院校本科生和研究生的教材，也可以为相关研究人员提供参考。因此，本书的出版无论是在理论研究还是在实践指导上都有较高的实用价值，对我国自主水下航行器技术的发展和推广具有重要意义，对增强我国军事实力产生有益影响。

本书可作为高等院校船舶与海洋工程、自动控制、探测制导与控制技术等相关专业的本科生和研究生教材，也可供从事控制理论与控制工程研究的相关技术人员作为参考书，本书中的结果还可扩展到其他非线性控制领域的相似问题。希望本书的出版能够为我国的国防事业的发展出一份微薄之力。

感谢在本译著出版过程中，史宏洋博士、池姗姗硕士、王文佳硕士、肖永平硕士等同学所做的大量工作，感谢刘志林老师在专业上的指导和帮助。

本书受到国家自然科学基金（61203225）、中国国家博士后基金（2012M510083）的资助。

前　言

自主水下航行器的控制设计是控制系统设计的一个重要领域。由于非线性动力学特性、模型的不确定性和难以测量或估计的干扰通常导致控制难以实现。本书介绍了一种新的自主水下航行器建模与控制设计方法。

本书讨论了自主水下航行器运动学与动力学非线性模型以及不同机动任务下的可控性,对运动学与动力学模型进行了反馈控制设计。在不确定因素存在的情况下仍然能够实现反馈控制,从而使控制设计更加稳定。

谨以此书献给从事相关领域的学生和研究者们,因为在这个特殊的领域还需要进一步探索研究。这本书的研究成果可以推广应用到自主水下航行器非线性控制领域以及其他类似问题的先进控制与设计方案中。

本书得到纽约技术学院基金 ISRC 的资助。

作者简介

Sabiha Wadoo，博士，于2001年在印度克什米尔的工程学院获电子工程专业工学学士学位；2003年在弗吉尼亚理工学院获电子工程专业硕士学位；2005年在弗吉尼亚州立大学获数学专业硕士学位；2007年在布莱克斯堡大学获电子工程专业博士学位。

2007年开始就职于纽约韦伯斯特里镇的纽约技术学院，时任电子计算机工程系助理教授。研究领域包括非线性控制系统的反馈控制、非线性控制系统的建模和分布式参数系统的反馈控制。

Pushkin Kachroo，博士，于1988年在印度孟买的印度理工学院获土木工程专业工学学士学位；1990年在得克萨斯州休斯敦莱斯大学获机械工程学硕士学位；1993年在伯克利吉利福尼亚大学获机械工程学博士学位；2004年在布莱克斯堡弗吉尼亚工学院获数学硕士学位；2007年在布莱克斯堡弗吉尼亚理工学院获数学博士学位。

他是内达华州拉斯维加斯的哈利·里德环境研究中心与运输研究中心的主任，从事环境学研究，同时还是内华达州立大学电子与计算机工程系教授。

目　录

第1章 绪 论

1.1 综 述

本书主要涉及水下航行器运动规划与反馈控制设计的建模。从根本上讲,动力学本质上是非线性的,因为流体力学系数往往很难获得,并且气流的存在会产生多种不可量测干扰。因此自主水下航行器的动力学问题提出了一个传统线性设计方法难以解决的控制系统设计难题。航行器的动态控制需要保证其稳定性和执行的连续性,要使自主水下航行器成为现实还有很多问题需要解决。目前水下航行器控制系统设计面临的主要困难有非线性动力学特性、模型的不确定性和难以测量或估计的干扰。

本书提出一种新的反馈控制方法来实现水下航行器的精确轨迹控制和点镇定控制。这种反馈控制是在有、无不确定项两种情况下提出的,它可以直接解决非线性动力学问题,并且在有干扰存在的情况下让系统能达到稳定状态,从而使控制具有更强的鲁棒性。

本书第一部分介绍基于运动学模型进行水下航行器控制的适用性研究,给出对单个水下航行器运动学模型的运动规划和反馈控制方法。水下航行器的运动学模型属于一种典型的非完整系统,该系统的特点是有非完整约束的广义速度。本书将这种带有速度约束系统的运动规划问题,转换成输入数目少于自由度数目的控制问题。这一部分还对这种非线性系统的能控性进行了研究。为了设计反馈控制器,将系统转换成链式形式和幂形式,并且论述了将系统运动学模型转换成这些形式的方法。微分几何控制理论、非线性系统分析、控制设计技术和关于非完整系统的运动规划问题的最新调查研究结果,均被作为这项研究的理论支撑。

本书提出自主水下航行器的运动学模型,详细地介绍了其反馈控制器的设计并进行了仿真验证,同时对可控性、控制设计和系统建模中涉及的概念进行了简要的数学分析。

这种基于运动学模型的控制器能够解决水下航行器的运动规划问题。此运

动学模型属于非完整系统,这种系统的控制模型是无漂移、非线性和欠驱动的,可以表示成:

$$\dot{\boldsymbol{q}} = \boldsymbol{g}_1(\boldsymbol{q})\boldsymbol{v}_1 + \boldsymbol{g}_2(\boldsymbol{q})\boldsymbol{v}_2 + \cdots + \boldsymbol{g}_m(\boldsymbol{q})\boldsymbol{v}_m \tag{1.1}$$

其中,$\boldsymbol{q} \in \boldsymbol{M}$ 是系统的状态向量,$\boldsymbol{M}$ 是状态空间并且 $\boldsymbol{M} \subset \boldsymbol{R}^n$,$n$ 是 $\boldsymbol{M}$ 的维数且向量 $\boldsymbol{q}$ 也是 n 维的;向量 $\boldsymbol{v} \in \boldsymbol{R}^m$ 是 m 维输入控制向量;向量 $\boldsymbol{g}_i(q) \in \boldsymbol{R}^n$;$i = 1, 2, \cdots, m$ 为 $\boldsymbol{M}$ 的向量场,并假设向量 $\boldsymbol{g}_i(\boldsymbol{q})$ 为光滑线性时不变的。由于在零输入条件下状态向量不发生改变,因此系统是无漂移的。同时,因为通过控制向量张成的空间的维数小于配置空间的维数,所以这样的系统是欠驱动的。

文献[1]介绍了式(1.1)有两个输入时的情况,定义了一个车型机器人的运动规划任务,并且对反馈控制进行了研究。该控制对每种任务采用了不同的控制策略。基于运动学模型的水下航行器控制是对文献[1]所提问题的一个扩展,是有四个输入的更高维问题。本书讨论了系统的可控性,并验证了它与运动规划有关,提出了航行器在期望轨迹和某一点周围全局稳定的反馈控制定理(它是通过将运动学模型转换为标准链式形式和幂形式来实现的),还给出了通过状态反馈和坐标系变换将运动学模型转换成链式形式和幂形式的方法。

对于水下航行器的轨迹跟踪问题,文献[23]提出了一种基于李雅普诺夫方程的稳定跟踪控制方法。在文献[22]和[23]中用近似李雅普诺夫方程进行非线性反馈控制设计,这样可以在期望轨迹上全局稳定,但是不满足点镇定条件。在本书中,将利用全状态反馈(近似线性化)方法进行轨迹跟踪,这种方法仅在局部渐进稳定,而精确非线性控制(全状态线性化)设计用于实现全局稳定。此时,静态反馈无法满足要求,而动态反馈却可以达到这一目的。这里使用链式形式进行系统的控制设计。

非完整系统不存在任何光滑(甚至连续)静态反馈控制律[2],即不能通过连续的状态反馈将系统镇定到平衡点,从而使得非完整系统全局渐进稳定控制器的设计具有挑战性。为此,人们采用了不同的方案来处理这个问题。

一种方案是使用光滑时变控制器,这种方法已经在文献[3]和[4]中得到深入研究。文献[3]提出无漂移系统的时变光滑控制必然具有代数(非指数)收敛性。文献[4]证明了使用时变光滑反馈控制的水下航行器能够渐进稳定。

另一种方案是使用指数收敛的非光滑反馈控制器。这些方案已在文献[5]、[6]中进行了讨论。文献[25]提出了一种不连续分段光滑控制方法,并实现了指数收敛。文献[15]提出了一种非光滑时不变控制器来实现稳定指数收敛,这种控制器通过链式转换实现。

本书采用前一种方案（光滑时变反馈控制），并借鉴文献[7]中的稳定控制设计方法。最后，给出了运动学模型转换到幂形式的推导过程。这种控制器能够实现水下航行器全局稳定。

本书的后半部分介绍了水下航行器运动学模型的反馈控制设计与鲁棒控制设计。水下航行器的运动包括运动学模型和动力学模型，航行器的三维运动可以用12个非线性系统方程来描述：

$$\begin{cases} \boldsymbol{M}\dfrac{\mathrm{d}\boldsymbol{v}(t)}{\mathrm{d}t} = f(\boldsymbol{v},\boldsymbol{q}) + g(\boldsymbol{v},\boldsymbol{q})\boldsymbol{u}(t) \\ \dfrac{\mathrm{d}\boldsymbol{q}(t)}{\mathrm{d}t} = h(\boldsymbol{v},\boldsymbol{q}) \end{cases} \tag{1.2}$$

第一个方程是系统的动力学模型，第二个方程是运动学模型。向量 $\boldsymbol{v}(t)$ 和 $\boldsymbol{q}(t)$ 分别是固定坐标系下的速度矢量和位置矢量。为了设计动力学模型的点镇定反馈控制，可采用基于反步法的非线性系统反馈线性化控制方法。同时，本书还讨论了这些模型存在不确定因素时的反馈控制，其目标是设计出使不确定因素最小化的控制器。这种控制可以用不确定性模型的李雅普诺夫函数递推设计法和鲁棒反步法实现。两种方法都是先进行运动学模型的控制，然后用它来完成动力学模型的全局控制设计。其他章节的要点总结如下。

第2章介绍了水下航行器运动规划问题，解释了非完整、欠驱动系统的概念和非完整系统的运动学模型，然后阐述了非完整系统运动规划问题及其相关应用。

第3章针对自主水下航行器的运动规划任务，详细推导了系统的运动学模型，并讨论了系统非线性可控性的相关问题。最后，为了控制设计将系统转换成链式系统，并对多输入非完整系统转换为链式形式的方法进行了讨论。

第4章在第3章的基础上给出了基于运动学模型的水下航行器模型的控制设计，得到了不同控制方法设计的控制器，并且针对不同运动规划任务对系统性能进行了评估，例如轨迹跟踪、点镇定和路径跟随。同时还给出了从不同控制器得到的仿真结果，用于比较和评估不同控制器在路径跟随任务中的性能。

第5章介绍了基于动力学模型的水下航行器控制设计，针对点镇定系统的运动规划任务完成了控制设计和评估。动力学模型控制设计基于反步法的反馈线性化方法，同时系统地阐述了所设计控制器的稳定性问题，推导了其满足李雅普诺夫稳定性的充分条件。

第6章针对水下航行器动力学模型进行了非线性反馈鲁棒控制器设计。采用李雅普诺夫函数递推设计法和鲁棒反步法来设计鲁棒控制器,以实现点镇定控制,使得不确定因素对系统性能的影响最小。

1.2 水下航行器结构示例

本节给出了关于水下航行器结构的概述。有兴趣的读者可从文献[33]和[34]获得更详细的介绍。

如何保证航行器的水下悬停以及机动性是水下航行器需要考虑的两大主要问题。航行器要实现能悬浮在水中,其重力要等于水的浮力,或者能用驱动设备使其在水中悬停。它们还需要驱动使其可以从水面潜入水下,在水下机动并返回到水面。

潜艇可以分为动力型和静力型两种,动力型潜艇通常浮在水面,并通过螺旋桨提供推力潜入水下。而静力型潜艇向潜艇舱室(称为压载舱)注水来增加重量以实现下沉;当需要上浮时,向压载舱注入压缩空气,将海水排出,从而减轻重量。

遥控(RC)潜艇目前在很多商场都能购买到,它装有电机,可以驱动尾部的螺旋桨推动潜艇前进,并且方向舵和尾稳定翼(和航行翼)能使潜艇完成偏航和纵摇运动。方向舵通过自身旋转使潜艇转向,同时尾稳定翼就像遥控飞机上的升降舵一样产生纵摇运动。图 1.1 给出了这些驱动器的示意图,图 1.2 给出了方向舵和尾稳定翼的详细示意图。

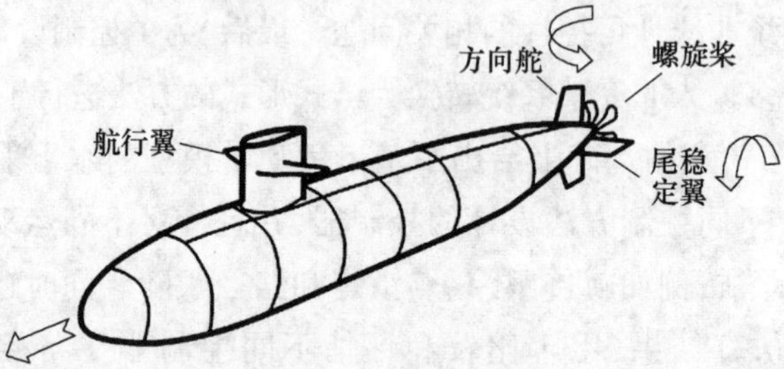

图 1.1 潜艇制动器

重量分布通过将重心保持在潜艇底部而非顶部来使潜艇保持正确的姿态。带有尾稳定翼的方向翼保持潜艇平衡,电力设备被放在密封舱(WTC)中,包括两套伺服系统和一台直流电机。两套伺服系统分别控制航向角和船艉。密封舱的位置和重量分布如图 1.3 所示。

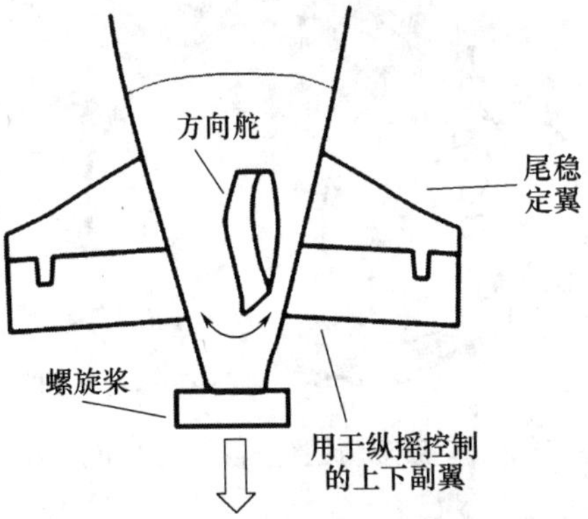

图 1.2　潜艇方向舵和尾稳定翼

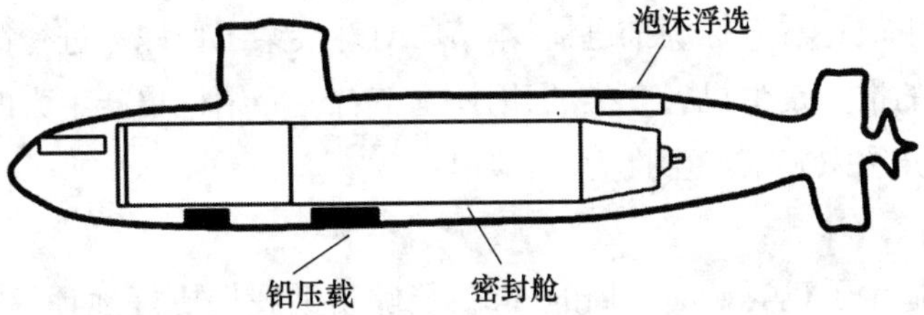

图 1.3　密封舱位置和重量分布

密封舱通常由三部分组成:第一部分包括电池和速度控制器,第二部分是压载系统,第三部分是伺服系统。典型的压载系统包含装压缩空气的容器和阀门,阀门的作用是在潜艇需要下潜时,将水放入以增加潜艇重量;在潜艇需要上浮时,向舱内注入压缩空气将水排出以减轻潜艇重量。另一个经常提及的电子元件是连接无线电信号接收器的速度控制器,无线电接收器用来接收远程信号以控制电机和伺服系统;纵摇控制通过加速度计控制纵摇角;若无线电信号在某时刻丢失,微型安全装置使压载系统关闭,使潜艇浮出水面以防止无线信号丢失。

潜艇水下通信使用的是音频声纳信号,同时也使用 GPS 进行导航,但是这些信号在水下容易丢失。因此潜艇通过使用由加速度计和陀螺仪组成的惯性导航系统(INS)可以获取自身的姿态和航向信息。

动力型潜艇没有压载系统,因此必须提供动力才能使其保持在水下,否则就会浮到水面。很多廉价的动力型遥控潜艇装配两台电机用于下潜、上浮和转向等。在潜艇下水前,可以通过改变螺旋桨的角度从而使潜艇做不同的运动,图 1.4 给出潜艇的示意图。

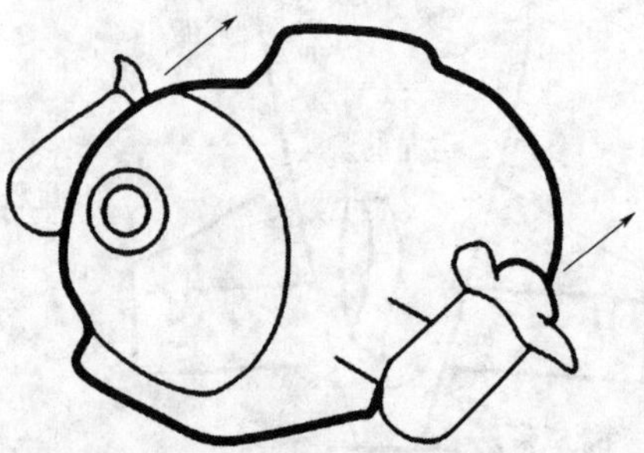

图 1.4　基于双螺旋推进器的动力 RC 潜艇

1.2.1　螺旋桨原理

因为水下航行器有螺旋推进器,本节将对螺旋桨工作原理进行简单的介绍。由于螺旋桨的推力是由机翼产生的,因此本节首先介绍机翼产生力的基本原理,在此基础上介绍螺旋桨产生推力的原理。

1.2.1.1　机翼

图 1.5 显示了机翼截面四周的气流,能够帮助我们更好地理解机翼截面四周的气流如何产生升力。左边流线以箭头结束的地方(用切线表示每点气流方向的线)为到达机翼表面上的驻点,这意味着在驻点之上的流体在机翼上方流动,在驻点之下的流体在机翼下方流动。图中显示从机翼上方和下方通过的流体在后缘有相同的数量和方向。在这种条件下(Kutta 条件[33]),机翼周围的气流在某些攻角下能产生升力。如果将机翼放在气流下,能够预测出其流线如图 1.6 所示,然而由于这个流体没有环流,因此不会产生升力。事实上,机翼上的升力与机翼周围的气体环流是成比例的(Kutta - Joukowski 定理[34])。

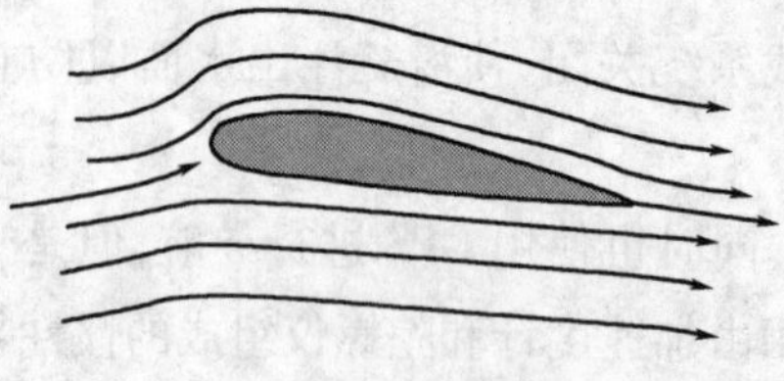

图 1.5　机翼截面四周的气流(Kutta 条件)

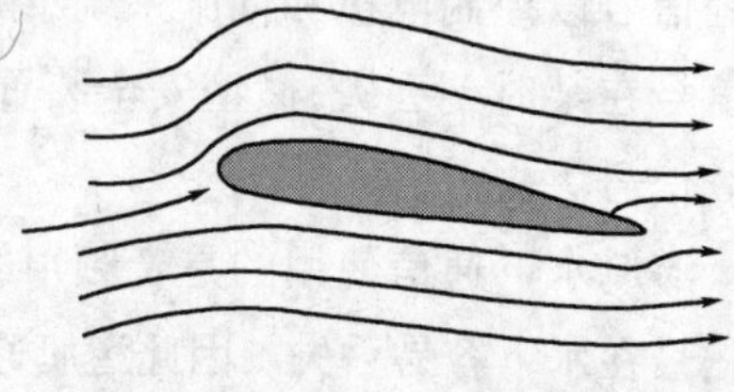

图 1.6　机翼截面四周的无环流

根据 Kutta - Joukowski 定律,给出机翼单位长度上的升力:

升力= 气流速度× 气体环流× 气体密度

按照 Kutta 条件(后缘边界条件),气流可以通过在非循环流体上叠加循环气流获得,如图1.7所示。

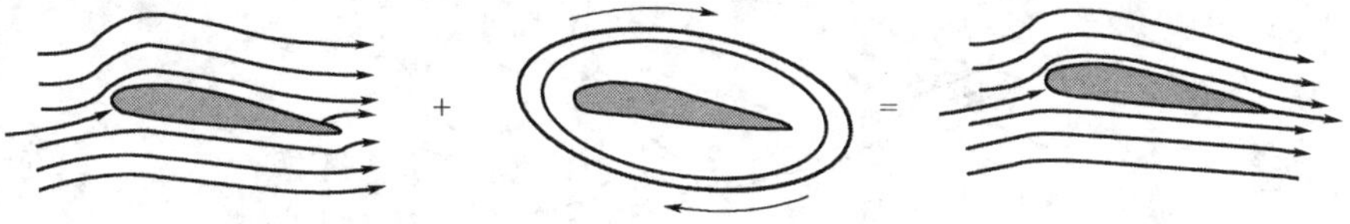

图1.7　机翼截面四周的完整流动气流

由凯尔文环流定理[33]可知,在由相同流体材料组成的封闭曲线周围的环流变化率为零。当一个运载器(如飞机)开始加速时,它并不符合Kutta条件,因此没有环流;在进一步加速后,满足了Kutta条件(桨叶周围产生环流)并且总环流为零,另一个循环气流在机翼后方产生(称为尾流),如图1.8所示。

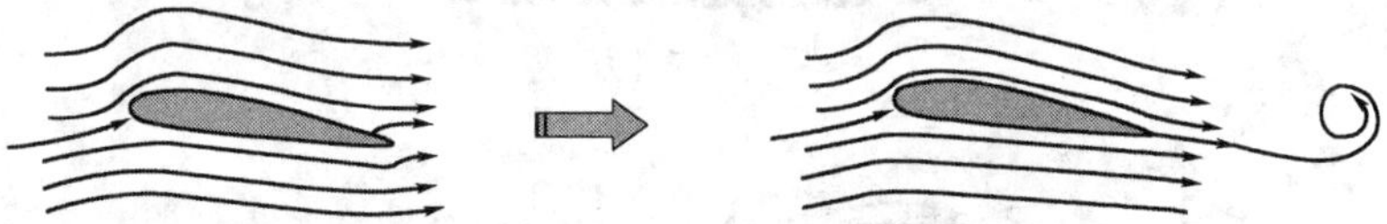

图1.8　机翼截面四周的完整循环气流

由于与常规气流方向一致的顺时针环流的加入,使得机翼上方的气流速度比下方的气流速度快。由伯努利定理可知,气流速度越快,气压越低;反之,气流速度越慢,气压越高[34]。由于机翼底部的气压高于顶部气压,在机翼上就产生了一个向上的力(升力),如图1.9所示。

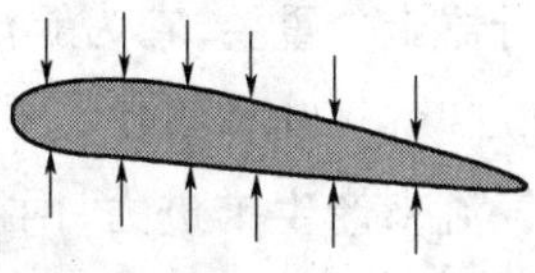

图1.9　机翼截面上由于压力不同而产生升力示意图

现在让我们看一个有限翼展的机翼,比如水下航行器上的稳定翼,由于机翼上方的压力低,下方的气流开始向上流动,然后整个环流向机体后方运动,如图1.10所示。

机翼产生的升力与攻角(即在机翼前方一段距离的流体速度与机翼弦线所成的角度)有关。当攻角为零度时,升力为零;随着攻角增加,升力逐渐增大;在攻角达到某个角度之后,若继续增大,则升力反而减小,如图1.11所示。

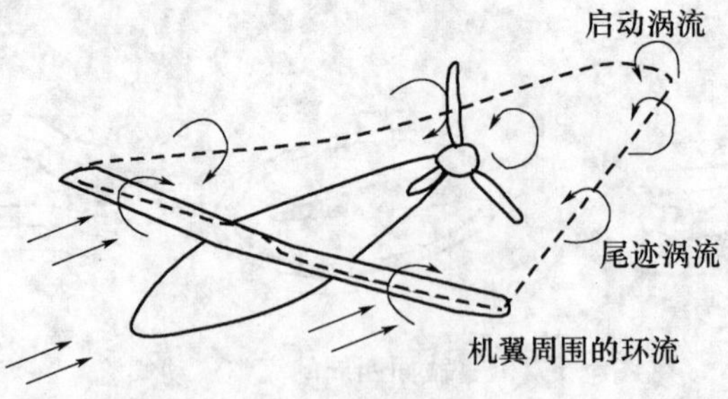

图 1.10　涡流

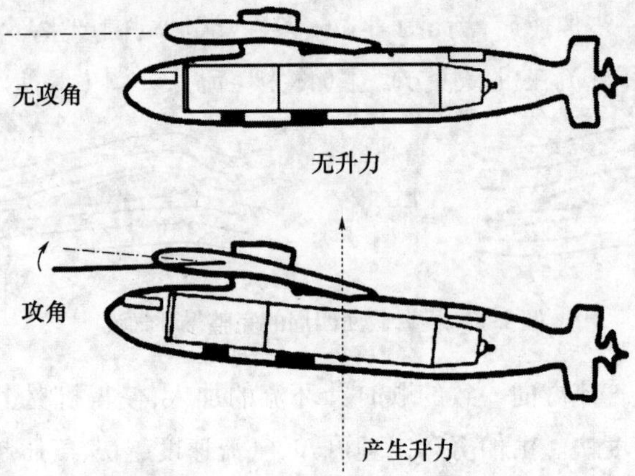

图 1.11　攻角和升力

1.2.1.2　螺旋桨

螺旋桨对于自主水下航行器十分重要，它为航行器提供了前进动力和升力，螺旋桨有很多叶片结构，比如二叶、三叶和四叶。图 1.12 所示为三叶螺旋桨。

螺旋桨通过向后方回推气流来产生推进力，回推气流的数量取决于螺旋桨的旋转速度及螺距。螺距越小，回推的气流数量越小，因此产生的推进力越小，然而这种情况下螺旋桨能转得更快；螺距越大，叶片旋转越慢，但通过回推更多气流能产生更多的推力。可将螺旋桨设计为固定螺距，或者时变螺距（通过驱动器），如同电机安装齿轮实现变速一样。螺距能被自动控制（利用一些电子设备）产生恒定的转速。

另一个能较好估计螺旋桨推力的方法，是将翼剖面理论应用于螺旋桨叶片中，从而计算出当流体流经螺旋桨叶片时所产生的升力。螺旋桨叶片上的任何一点的速度取决于该点与旋转中心之间的距离。因此，由于半径不同，每点的速度也不同，螺旋桨叶片会发生旋转，进而攻角也会不同。

通过图 1.13 可以更详细地观察螺旋桨的每一部分。流体最先流经螺旋桨叶片的前缘，最后在后缘脱离螺旋桨面。叶片表面是推离流体、在表面产生正压力的叶片的正面；叶片背面是当流体被旋转叶片推离时产生负压力的叶片反面。

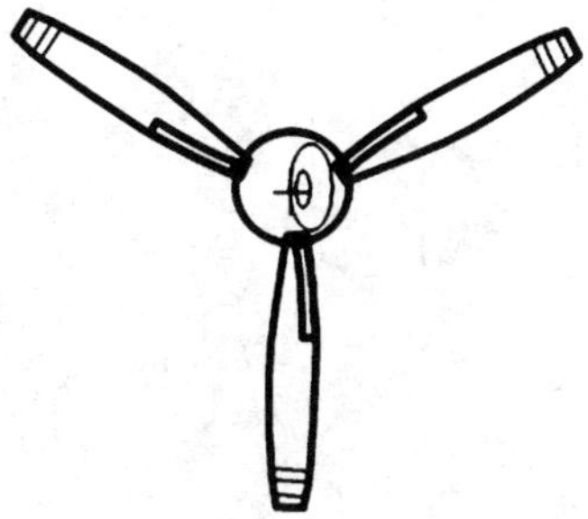

图 1.12　三叶螺旋桨

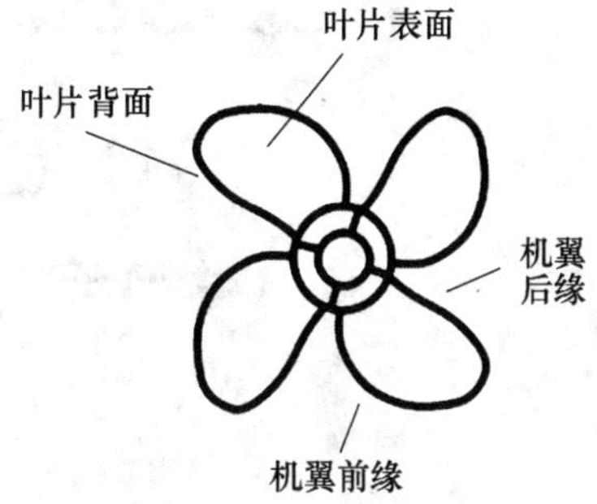

图 1.13　螺旋桨部分

和风扇类似，当螺旋桨旋转，叶片表面将流体推离，叶片背面拉动流体（推—拉机制），然后螺旋桨产生一个向前的推力（图 1.14）。

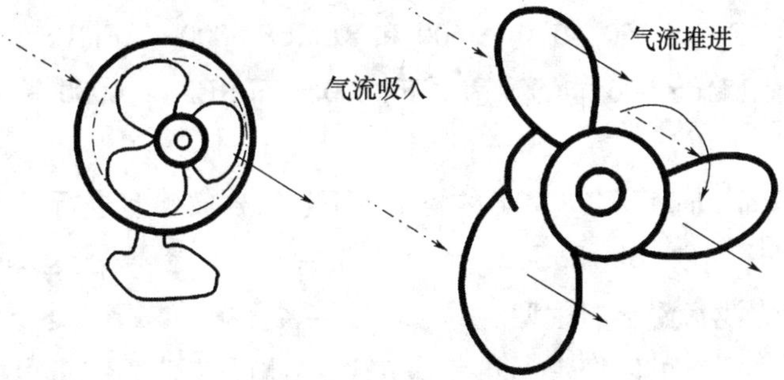

图 1.14　螺旋桨推力

螺距是指螺旋桨旋转时穿过柔软材料的距离（就像钉子穿过软木料那样）。有效螺距（小于几何螺距）是飞机或船（或任何其他运载体）运动的实际距离，差别取决于螺旋桨在流体中的滑移（图 1.15）。

1.2.2　商用水下航行器

自主水下航行器（AUVs）在 20 世纪 50 年代左右就已在实验室和研究中心设计成型，但是仅有少数公司进行了商业销售。这些公司主要有 Kongsberg Maritime（http://www.km.kongsberg.com）和 Bluefin Robotics 公司（http://www.bluefnrobotics.com）。下面对这些制造商的 AUV 模型进行简要的介绍。

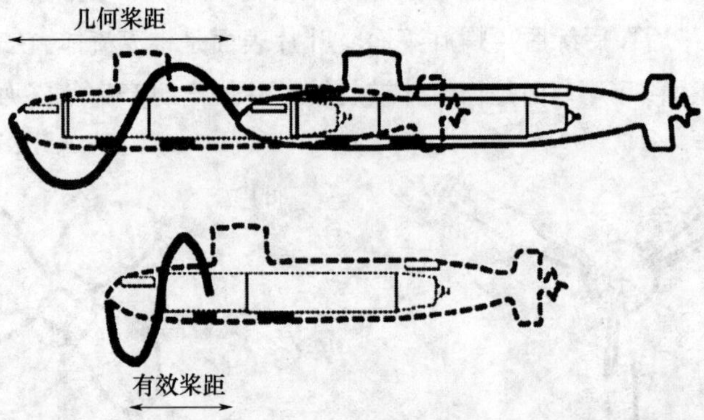

图 1.15　螺旋桨纵倾

Kongsberg 制造了 HUGIN AUV 和 REMUS AUV，除此之外还提供各种用于导航的仪器和软件。HUGIN AUV 可用于水下遥感，这些 AUV 可到达水下 4500m 深处（HUGIN 为 4500m），并且能实现自身驱动和导航，同时它们也可以处理干扰。REMUS AUV 的优势是可以按要求定制设计，目前这类 AUV 有三种可行的模型：REMUS 100，REMUS 600 和 REMUS 6000。REMUS 100 质量轻，潜深为 100m。REMUS 600 能够到达水下 3000m，而 REMUS 6000 最大可操作深度为 6000m。

Bluefin Robotics 已经与 MIT 的自主水下航行器实验室进行了合作，有 Bluefin－9，Bluefin－12，Bluefin－21 和 Bluefin－21 BP 等不同类型的 AUV，这些 AUV 被设计为浅水深水通用型。每一种型号名称中的数字表示 AUV 以英寸为单位的直径。AUV 可以携带不同有效负载，因此可以到达不同深度。

其他 AUV 的制造商有国际潜艇工程 Ltd.（http://www.ise.bc.ca/）和 GAVIA 自主水下航行器（http://www.gavia.is）。

大家可以通过访问各个制造商的网站来获得最新的 AUV 型号和说明书。

1.3　航行器的运动学原理

航行器本质上有六个自由度：三个表示位置，三个表示方向，这六个自由度确定了航行器的状态。下面采用世界通用参考坐标系描述航行器状态（图 1.16）。

虽然航行器有六个自由度来表示位置和方向，但是在载体固联坐标系中只有四个典型变量可以直接控制。在载体固联系中，航行器可以沿载体坐标系的 x 轴方向向前移动，并且可以绕 x、y 和 z 轴旋转，如图 1.16 所示。控制变量正是

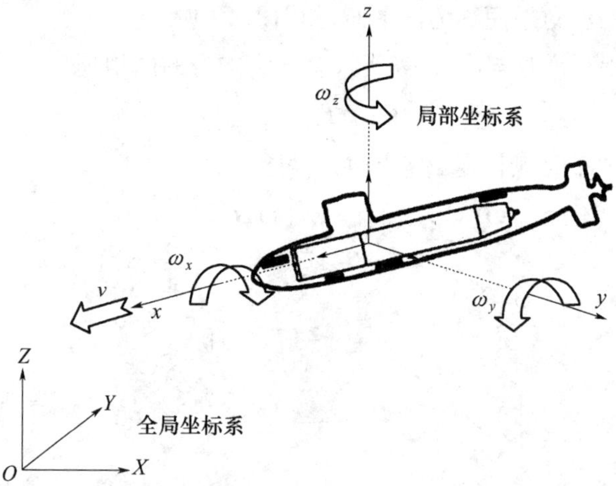

图 1.16　局部坐标系和全局坐标系

机体 x 轴方向的线速度和三个角速度。本书提出了用莱纳方程表示控制变量和跟踪航行状态的关系,实际上这些激励是通过控制由系统动力学产生控制速度的激励装置获得的。假设已设计出的局部反馈回路可以控制载体的线速度和角速度,并且控制器的目的是用来控制航行器在全局坐标系下的运动。

1.3.1　载体运动坐标系的弗莱纳公式

以航行器上固定的一点为例。该点可以是航行器的重心,也可以是航行器上任意的固定点。这个点的位置是关于时间的函数,它把时间映射到 $\boldsymbol{R}^2$ 上的一点。

定义:$\forall s \in (-\alpha,\alpha)$存在关于 s 的函数 $\boldsymbol{x}(s) \in \boldsymbol{C}^1(-\alpha,\alpha)$,使得 $\mathrm{d}x/\mathrm{d}s \neq 0$,则 $\boldsymbol{x}(s)$称为位置的正则表示。

定义:$\forall s \in (-\alpha,\alpha)$存在关于 s 的实值函数 $\boldsymbol{t}(s) \in \boldsymbol{C}^1(-\alpha,\alpha)$,使得 $\mathrm{d}t/\mathrm{d}s \neq 0$,则 $\boldsymbol{t}(s)$称作参数 s 的允许变换。

正则表示将曲线分成等价类,由于参数关系的允许变化是自反的、对称的、传递的,因此它们是等价的。

定义:正则曲线是正则参数表示的等价类。

给出一个用弧长参数化的曲线

$$\boldsymbol{x}(s):(-\alpha,\alpha) \to \boldsymbol{R}^2$$

上式表示了航行器的运动,它的单位正切向量为

$$\boldsymbol{t}(s) = \dot{\boldsymbol{x}}(s)$$

曲线在点 x 处的法向平面称为法平面，如图 1.17 所示。

容易证明 $\|\boldsymbol{t}(s)\|=1$。这表明 $\boldsymbol{t}(s)$ 与它本身的内积是 1，即

$$\langle \boldsymbol{t}(s),\boldsymbol{t}(s)\rangle = 1$$

将该等式关于对弧长变量 s 求微分，可得

$$\langle \dot{\boldsymbol{t}}(s),\boldsymbol{t}(s)\rangle + \langle \boldsymbol{t}(s),\dot{\boldsymbol{t}}(s)\rangle = 0$$

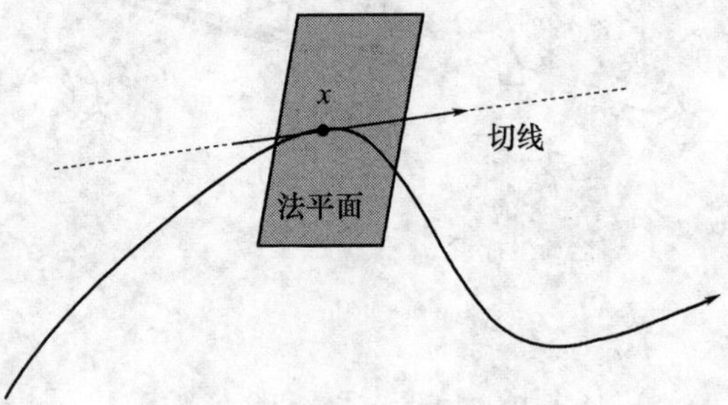

图 1.17　法平面

由于内积在实向量空间是可交换的，可以得到

$$\langle \dot{\boldsymbol{t}}(s),\boldsymbol{t}(s)\rangle = 0$$

上式表明 $\dot{\boldsymbol{t}}(s)\perp\boldsymbol{t}(s)$。曲线的曲率 $\kappa(s)$ 是切向量的模。将 $\dot{\boldsymbol{t}}(s)$ 方向上的单位向量记为 $\boldsymbol{n}(s)$，因此有

$$\dot{\boldsymbol{t}}(s) = \kappa(s)\boldsymbol{n}(s)$$

这个包含向量 $\boldsymbol{t}(s)$ 和 $\boldsymbol{n}(s)$ 的平面被称作密切平面，如图 1.18 所示。

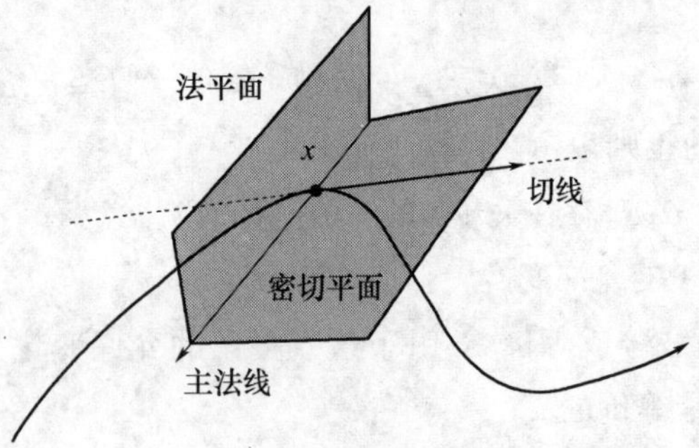

图 1.18　法平面和密切平面

由于 $\|\boldsymbol{n}(s)\|=1$，这表明 $\boldsymbol{n}(s)$ 与它本身的内积是 1，即

$$\langle \boldsymbol{n}(s),\boldsymbol{n}(s)\rangle = 1$$

将该等式对弧长变量 s 微分，可得

$$\langle \dot{n}(s), \boldsymbol{n}(s) \rangle + \langle \boldsymbol{n}(s), \dot{\boldsymbol{n}}(s) \rangle = 0$$

由于内积在实向量空间是可交换的，可知

$$\langle \dot{\boldsymbol{n}}(s), \boldsymbol{n}(s) \rangle = 0$$

它表明 $\dot{\boldsymbol{n}}(s) \perp \boldsymbol{n}(s)$。

定义曲线的次法线为

$$\boldsymbol{b}(s) = \boldsymbol{t}(s) \times \boldsymbol{n}(s)$$

上式也说明

$$\boldsymbol{n}(s) = \boldsymbol{b}(s) \times \boldsymbol{t}(s)$$

将该等式进行微分得到

$$\dot{\boldsymbol{b}}(s) = \dot{\boldsymbol{t}}(s) \times \boldsymbol{n}(s) + \boldsymbol{t}(s) \times \dot{\boldsymbol{n}}(s)$$

代入 $\dot{\boldsymbol{t}}(s)$ 后可得

$$\dot{\boldsymbol{b}}(s) = \kappa(s)(\boldsymbol{n}(s) \times \boldsymbol{n}(s)) + \boldsymbol{t}(s) \times \dot{\boldsymbol{n}}(s)$$

由于向量与它本身的叉乘为零，得到

$$\dot{\boldsymbol{b}}(s) = \boldsymbol{t}(s) \times \dot{\boldsymbol{n}}(s)$$

这个包含向量 $\boldsymbol{t}(s)$ 和 $\boldsymbol{b}(s)$ 的平面被称为从切平面，如图 1.19 所示。因为 $\dot{\boldsymbol{n}}$ 垂直于 $\boldsymbol{n}$，有

$$\dot{\boldsymbol{n}}(s) = \mu(s)\boldsymbol{t}(s) + \tau(s)\boldsymbol{b}(s)$$

由此可得

$$\dot{\boldsymbol{b}}(s) = \boldsymbol{t}(s) \times [\mu(s)\boldsymbol{t}(s) + \tau(s)\boldsymbol{b}(s)]$$

又因为一个向量与它本身的叉乘为零，得到

$$\dot{\boldsymbol{b}}(s) = \tau(s)[\boldsymbol{t}(s) \times \boldsymbol{b}(s)] = -\tau(s)\boldsymbol{n}(s)$$

因为 $\boldsymbol{n}(s) = \boldsymbol{b}(s) \times \boldsymbol{t}(s)$，对其求微分可得

$$\dot{\boldsymbol{n}}(s) = \dot{\boldsymbol{b}}(s) \times \boldsymbol{t}(s) + \boldsymbol{b}(s) \times \dot{\boldsymbol{t}}(s)$$

将 $\dot{\boldsymbol{b}}(s)$ 和 $\dot{\boldsymbol{t}}(s)$ 代入后可得

$$\begin{aligned}\dot{\boldsymbol{n}}(s) &= -\tau(s)[\boldsymbol{n}(s) \times \boldsymbol{t}(s)] + \kappa(s)[\boldsymbol{b}(s) \times \boldsymbol{n}(s)] \\ &= -\kappa(s)\boldsymbol{t}(s) + \tau(s)\boldsymbol{b}(s)\end{aligned}$$

因此

$$\dot{\boldsymbol{x}}(s) = \boldsymbol{t}(s)$$

$$\dot{\boldsymbol{t}}(s) = \kappa(s)\boldsymbol{n}(s)$$

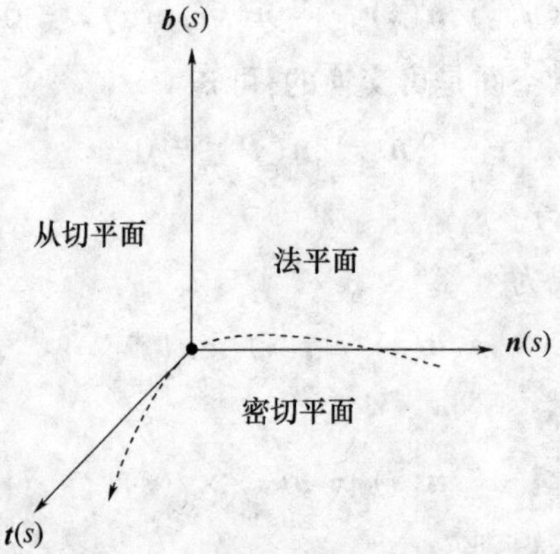

图 1.19　法平面、密切平面、从切平面

$$\dot{\boldsymbol{n}}(s) = -\kappa(s)\boldsymbol{t}(s) + \tau(s)\boldsymbol{b}(s)$$

$$\dot{\boldsymbol{b}}(s) = -\tau(s)\boldsymbol{n}(s)$$

向量 $\boldsymbol{t}(s)$,$\boldsymbol{n}(s)$和 $\boldsymbol{b}(s)$两两正交,因此包含这些向量作为列向量的矩阵属于一个矩阵群 $\boldsymbol{SO}(3)$。

$$[\boldsymbol{t}(s), \boldsymbol{n}(s), \boldsymbol{b}(s)] \in \boldsymbol{SO}(3)$$

因此

$$\begin{bmatrix} \boldsymbol{t}(s) & \boldsymbol{n}(s) & \boldsymbol{b}(s) & \boldsymbol{x}(s) \\ 0 & 0 & 0 & 1 \end{bmatrix} \in \boldsymbol{SE}(3)$$

它说明

$$\frac{\mathrm{d}}{\mathrm{d}t}\begin{bmatrix} \boldsymbol{t}(s) & \boldsymbol{n}(s) & \boldsymbol{b}(s) & \boldsymbol{x}(s) \\ 0 & 0 & 0 & 1 \end{bmatrix} = \begin{bmatrix} \boldsymbol{t}(s) & \boldsymbol{n}(s) & \boldsymbol{b}(s) & \boldsymbol{x}(s) \\ 0 & 0 & 0 & 1 \end{bmatrix}$$

$$\begin{bmatrix} 0 & \kappa(s) & 0 & 1 \\ -\kappa(s) & 0 & \tau(s) & 0 \\ 0 & -\tau(s) & 0 & 0 \\ 0 & 0 & 0 & 0 \end{bmatrix}$$

上面的等式被称作曲线的 Frenet - Serret 等式。曲线在 $\boldsymbol{R}^2$ 上的变化由下式给出

$$\dot{\boldsymbol{g}} = \boldsymbol{g}\boldsymbol{x}$$

这里 $\boldsymbol{g} \in \boldsymbol{SE}(3)$群,$x$ 是李代数 $SE(3)$中的一个元素。可以把曲率 $\kappa(s)$和扭力 $\tau(s)$当作系统的输入,这样如果

$$u_1(s) = \kappa(s)$$

$$u_2(s) = -\tau(s)$$

那么

$$\dot{\boldsymbol{g}} = \boldsymbol{g}\begin{bmatrix} 0 & u_1 & 0 & 1 \\ -u_1 & 0 & -u_2 & 0 \\ 0 & u_2 & 0 & 0 \\ 0 & 0 & 0 & 0 \end{bmatrix}$$

这是描述 $\boldsymbol{SE}(3)$ 中的左不变控制系统状态变化的一般形式的特例。

在 $\boldsymbol{R}^2$ 中飞行的飞行器给出了 $\boldsymbol{SE}(3)$ 中左不变控制系统的一般形式的例子。

$$\dot{\boldsymbol{g}} = \boldsymbol{g}\begin{bmatrix} 0 & u_3 & u_2 & u_4 \\ -u_3 & 0 & -u_1 & 0 \\ -u_2 & u_1 & 0 & 0 \\ 0 & 0 & 0 & 0 \end{bmatrix}$$

输入 u_1,u_2 和 u_3 控制飞行器的横摇、俯仰和航向,u_4 控制前进速度。

上面 $\boldsymbol{SE}(3)$ 中的特例是平面上单轴转动的例子。

$$\dot{\boldsymbol{g}} = \boldsymbol{g}\begin{bmatrix} 0 & u_2 & 1 \\ -u_2 & 0 & 0 \\ 0 & 0 & 0 \end{bmatrix}$$

这种情况下,输入 u_2 控制转角。

前面的公式在假设能直接控制刚体的速度的条件下,描述了运动学上的控制问题。然而,在物理系统中我们只能控制驱动载体运动的力和力矩。更实际的方法就是基于系统的动力学模型进行控制,以力和力矩为输入,但是动力学模型的控制比运动模型更难实现。本书的剩余部分将集中介绍运动学和动力学模型的自主水下航行器的控制设计。

1.3.2 平面上刚体运动的数学背景

水下航行器有一个推动它向前的螺旋桨和控制横摇、纵摇、俯仰三种转动的控制器(多于三个),可以用弗莱纳方程来表示它的运动学方程。本节将详细研究航行器的运动学模型和刚体运动。

首先讨论旋转矩阵,然后研究平面上的一般刚体运动。转动和平移就构成了刚体的运动。虽然刚体转动不改变向量长度,然而我们并不希望刚体有转动。

1.3.2.1 转动矢量

本小节将给出旋转矩阵的概念,它使向量发生转动,但不改变向量长度。

图 1.20 表示绕 x 轴逆时针转动 θ 角。因此,向量 $(1,0)'$ 变成 $(\cos\theta,\sin\theta)'$。可以写成如下形式

$$\begin{bmatrix}\cos\theta\\ \sin\theta\end{bmatrix} = \boldsymbol{R}_\theta\begin{bmatrix}1\\ 0\end{bmatrix}$$

同样,绕 y 轴转动同样的角度可得到

$$\begin{bmatrix}-\sin\theta\\ \cos\theta\end{bmatrix} = \boldsymbol{R}_\theta\begin{bmatrix}1\\ 0\end{bmatrix}$$

如图 1.21 所示。

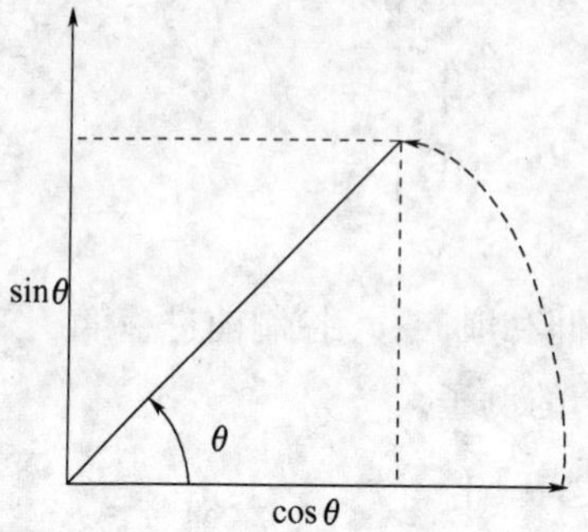

图 1.20 平面上绕 x 轴旋转

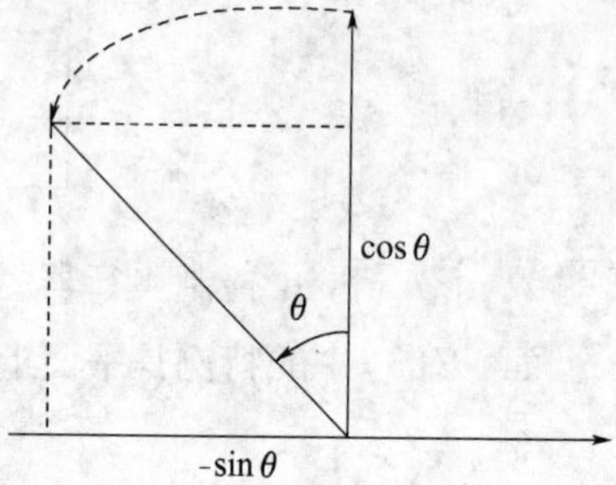

图 1.21 平面上绕 y 轴旋

通过以上分析,可以得到向量逆时针旋转 θ 角的矩阵表示:

$$\boldsymbol{R}_\theta = \begin{bmatrix}\cos\theta & -\sin\theta\\ \sin\theta & \cos\theta\end{bmatrix}$$

1.3.2.2 转动坐标系下的向量表示

旋转矩阵可以用图 1.22 解释。给定一个向量 $\boldsymbol{v}$,通过旋转矩阵可将其在 $\boldsymbol{R}^2$ 中由 F_2 坐标系转换到 F_1 坐标系:

$$\boldsymbol{v}^{F_1} = \boldsymbol{R}_\theta \boldsymbol{v}^{F_2}$$

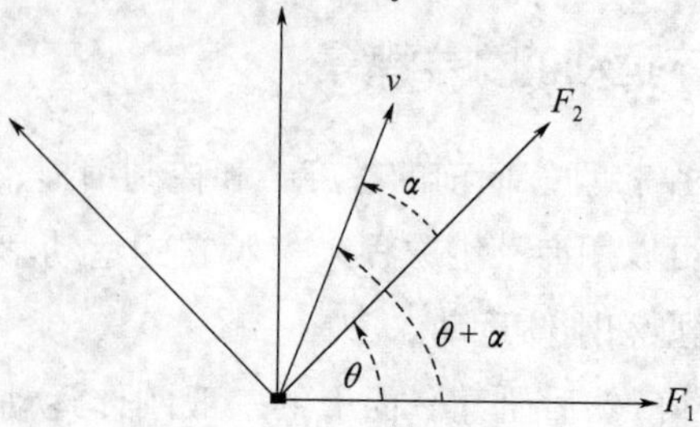

图 1.22 向量框架转动

其中，向量 $\boldsymbol{v}^{F_1}$ 是 F_1 坐标系下向量在 $\boldsymbol{R}^2$ 中的表示；向量 $\boldsymbol{v}^{F_2}$ 是 F_2 坐标系下向量在 $\boldsymbol{R}^2$ 中的表示。显然向量与 x 轴间的夹角由旋转角 θ 得到。

1.3.2.3 旋转坐标系的表示

旋转矩阵表示一个参考坐标系的坐标轴相对于另一个坐标系的转动关系，如图 1.23 所示。

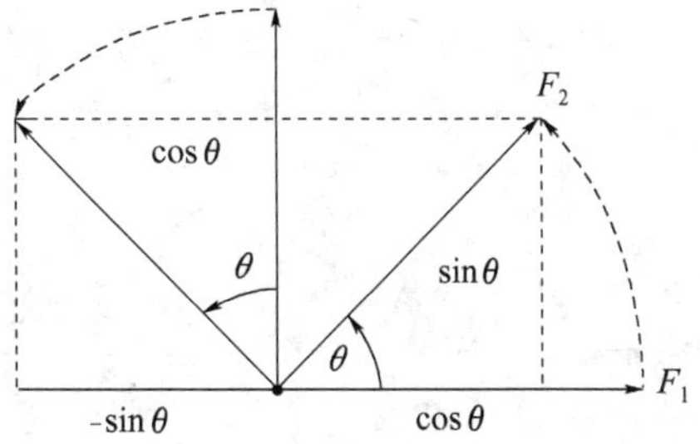

图 1.23 框架转动

坐标系 F_2 中 x 轴的向量表示为

$$\boldsymbol{x}_{F_2} = \begin{bmatrix} \cos\theta \\ \sin\theta \end{bmatrix}$$

坐标系 F_2 中 y 轴的向量表示为

$$\boldsymbol{y}_{F_2} = \begin{bmatrix} -\sin\theta \\ \cos\theta \end{bmatrix}$$

结合以上两个旋转矩阵，若坐标系 F_1 中的单位向量由向量 $\boldsymbol{i}_1$ 和 $\boldsymbol{j}_1$ 给出，并且 F_2 中的单位向量由 $\boldsymbol{i}_2$ 和 $\boldsymbol{j}_2$ 给出，那么旋转矩阵为

$$\boldsymbol{R}_\theta = \begin{bmatrix} \boldsymbol{i}_2 \cdot \boldsymbol{i}_1 & \boldsymbol{j}_2 \cdot \boldsymbol{i}_1 \\ \boldsymbol{i}_2 \cdot \boldsymbol{j}_1 & \boldsymbol{j}_2 \cdot \boldsymbol{j}_1 \end{bmatrix}$$

1.3.2.4 群表示

由于转动是可加的，因此可以用群来表示。参考下一节中对群的定义，用指数符号来表示转动，可以由下式给出：

$$\boldsymbol{e}^{z\theta} = \boldsymbol{R}_\theta = \begin{bmatrix} \cos\theta & -\sin\theta \\ \sin\theta & \cos\theta \end{bmatrix}$$

这里，幂向量 z 表明转动是绕 z 轴的。接下来会给出另外一个指数表示的例子。在举例之前先回顾一下向量叉乘的概念，给定 $\boldsymbol{R}^3$ 中的两个向量，它们叉乘的定义如下：

$$\boldsymbol{a} = \begin{bmatrix} a_1 \\ a_2 \\ a_3 \end{bmatrix} = a_1\boldsymbol{i} + a_2\boldsymbol{j} + a_3\boldsymbol{k};\boldsymbol{b} = \begin{bmatrix} b_1 \\ b_2 \\ b_3 \end{bmatrix} = b_1\boldsymbol{i} + b_2\boldsymbol{j} + b_3\boldsymbol{k}$$

其中

$$\boldsymbol{i} = \begin{bmatrix} 1 \\ 0 \\ 0 \end{bmatrix};\boldsymbol{j} = \begin{bmatrix} 0 \\ 1 \\ 0 \end{bmatrix};\boldsymbol{k} = \begin{bmatrix} 0 \\ 0 \\ 1 \end{bmatrix}$$

那么

$$\boldsymbol{a} \times \boldsymbol{b} = (a_2b_3 - a_3b_2)\boldsymbol{i} + (a_3b_1 - a_1b_3)\boldsymbol{j} + (a_1b_2 - a_2b_1)\boldsymbol{k}$$

这个运算可以用行列式表示如下：

$$\boldsymbol{a} \times \boldsymbol{b} = \begin{vmatrix} \boldsymbol{i} & \boldsymbol{j} & \boldsymbol{k} \\ a_1 & a_2 & a_3 \\ b_1 & b_2 & b_3 \end{vmatrix}$$

然而更重要的是，与一个已知向量叉乘可以用下面矩阵运算的形式给出，即向量叉乘等价于矩阵运算。

$$\boldsymbol{a} \times \boldsymbol{b} = [\boldsymbol{a} \times]\boldsymbol{b} = \begin{bmatrix} 0 & -a_3 & a_2 \\ a_3 & 0 & -a_1 \\ -a_2 & a_1 & 0 \end{bmatrix}\begin{bmatrix} b_1 \\ b_2 \\ b_3 \end{bmatrix}$$

由于$[\boldsymbol{a}\times]^{\mathrm{T}} + [\boldsymbol{a}\times] = 0$，所以$[\boldsymbol{a}\times]$是反对称的，这里 T 表示转置，零表示全零元素的矩阵。

如图 1.24 所示，质点以角速度 $\boldsymbol{\omega}$ 做圆周转动，此时速度矢量由下式给出：

$$\dot{\boldsymbol{p}}(t) = \boldsymbol{\omega} \times \boldsymbol{p}(t) = [\boldsymbol{\omega} \times]\boldsymbol{p}(t)$$

这是一个线性方程，它的解为

$$\boldsymbol{p}(t) = \boldsymbol{e}^{[\boldsymbol{\omega}\times]t}\boldsymbol{p}(0)$$

其中，位置可以依据旋转矩阵得到。

因此，

$$\boldsymbol{p}(t) = \boldsymbol{e}^{[\boldsymbol{\omega}\times]t}\boldsymbol{p}(0) = \boldsymbol{e}^{\boldsymbol{\omega}(\omega t)}\boldsymbol{p}(0)$$

微小转动可以通过转动中的小角度增量实现。如果把转动角度取的足够小，那么有 $\sin\theta \approx \theta$ 和 $\cos\theta \approx 1$，转动可表示为

$$\boldsymbol{R}_\theta = \begin{bmatrix} 1 & -\theta \\ \theta & 1 \end{bmatrix}$$

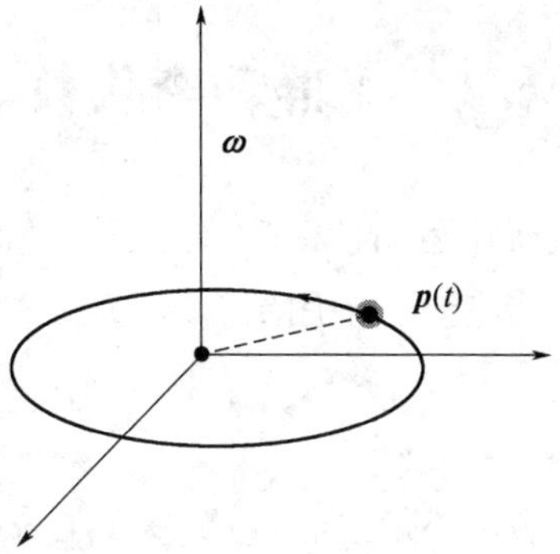

图 1.24　位置矢量的旋转

所以,可以通过 θ 和转动增量的微分得到从零开始的递增量,从而给出不对称阵的切线空间。

$$[\boldsymbol{R}_{\omega(t+\Delta t)} - \boldsymbol{R}_{\omega t}]/\Delta t = [\boldsymbol{R}_{\omega t}\boldsymbol{R}_{\omega\Delta t} - \boldsymbol{R}_{\omega t}]/\Delta t = \boldsymbol{R}_{\omega t}[\boldsymbol{R}_{\omega\Delta t} - \boldsymbol{I}]/\Delta t = \boldsymbol{R}_{\omega t}\begin{bmatrix} 0 & -\omega \\ \boldsymbol{\omega} & 0 \end{bmatrix}$$

1.3.2.5　齐次表示法

用齐次坐标变换法可以表示航行器在二维空间的转动和平移,如图 1.25 所示。

任何一个先旋转再平移的向量都可由下式表示:

$$\begin{bmatrix} \boldsymbol{v} \\ 1 \end{bmatrix} = \begin{bmatrix} \boldsymbol{R}_\theta & \ell_{ab} \\ 0 & 1 \end{bmatrix}\begin{bmatrix} \boldsymbol{v}_0 \\ 1 \end{bmatrix}$$

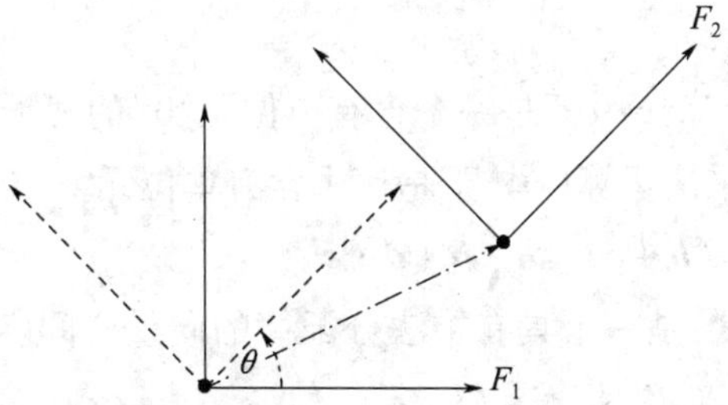

图 1.25　旋转和平移

可以通过下式将向量 $\boldsymbol{v}_0$ 变换为 $\boldsymbol{v}$

$$\boldsymbol{v} = \boldsymbol{R}_\theta\boldsymbol{v}_0 + \ell_{ab}$$

这种变换还可以推广到航行器任意旋转和平移的三维情况,具体步骤见文献[35]。

1.4 李群和李代数

本节介绍用于水下航行器运动学模型推导、分析和控制的数学知识。这里给出的定义和数学坐标系将在全书中用到。

1.4.1 矩阵群

定义(群):群 $\boldsymbol{G}$ 是指满足一个二元运算(·):$\boldsymbol{G}\times\boldsymbol{G}\to\boldsymbol{G}$,这样 $\forall \boldsymbol{a},\boldsymbol{b},\boldsymbol{c}\in\boldsymbol{G}$ 都满足下面的性质:

(1) 封闭性: $\boldsymbol{a}\in\boldsymbol{G},\boldsymbol{b}\in\boldsymbol{G}\Rightarrow\boldsymbol{a}\cdot\boldsymbol{b}\in\boldsymbol{G}$;

(2) 结合律: $(\boldsymbol{a}\cdot\boldsymbol{b})\cdot\boldsymbol{c}=\boldsymbol{a}\cdot(\boldsymbol{b}\cdot\boldsymbol{c})$;

(3) 同一性: ∃一个单位元 $\boldsymbol{e}\ni\boldsymbol{a}\cdot\boldsymbol{e}=\boldsymbol{e}\cdot\boldsymbol{a}=\boldsymbol{a}$;

(4) 逆元: ∃一个逆元 $\boldsymbol{a}^{-1}\ni\boldsymbol{a}\cdot\boldsymbol{a}^{-1}=\boldsymbol{a}^{-1}\cdot\boldsymbol{a}=\boldsymbol{e}$。

如果 $\forall \boldsymbol{a},\boldsymbol{b}\in G$,都有 $\boldsymbol{a}\cdot\boldsymbol{b}=\boldsymbol{b}\cdot\boldsymbol{a}$,那么这个群就被称作阿贝尔(Abelian)群。

定义(同态):群 $\boldsymbol{G}$、$\boldsymbol{H}$ 在映射 $\varnothing:\boldsymbol{G}\to\boldsymbol{H}$ 下称之为是同态的,它保持如下群运算性质:

$$\varnothing(\boldsymbol{a}\cdot\boldsymbol{b})=\varnothing(\boldsymbol{a})\cdot\varnothing(\boldsymbol{b})$$

定义(同构):同构是一个同态的双射。

定义(域):域 K 是一个具有加法(+)和乘法(·)二元运算且满足下列性质的集合:

(1) K 在加法运算(+)下是一个含有单位元“0”的阿贝尔群;

(2) $K-\{0\}$ 在乘法运算(·)下是一个含有单位元“1”的阿贝尔群;

(3) 分配律:$\boldsymbol{a}\cdot(\boldsymbol{b}+\boldsymbol{c})=\boldsymbol{a}\cdot\boldsymbol{b}+\boldsymbol{a}\cdot\boldsymbol{c}$。

定义(代数):代数是一个具有乘法分配律的向量空间。$M_n(k)$ 是定义为一般矩阵相乘的代数。对 $\boldsymbol{A},\boldsymbol{B},\boldsymbol{C}\in\boldsymbol{M}_n(\boldsymbol{K})$,有

$$\boldsymbol{A}(\boldsymbol{B}+\boldsymbol{C})=\boldsymbol{AB}+\boldsymbol{BC}$$

$$(\boldsymbol{B}+\boldsymbol{C})\boldsymbol{A}=\boldsymbol{BA}+\boldsymbol{CA}$$

定义(单元):如果 A 是一个代数,若存在 $y\in\boldsymbol{A}$ 使得 $xy=yx=1$,那么 $x\in\boldsymbol{A}$ 为一个单元。

如果 $\boldsymbol{A}$ 是一个结合积运算的代数,并且 $\boldsymbol{U}\in\boldsymbol{A}$ 是 $\boldsymbol{A}$ 中单元的一个集合,那么 $\boldsymbol{U}$ 是一个关于这个乘法运算的群。

定义(矩阵群):元素是 $n \times n$ 矩阵的这类群被称作矩阵群。

定义(一般和特殊线性群):

(1) $\boldsymbol{M}_n(k)$ 的单元群是 $\det(\boldsymbol{M}) \neq 0$ 的矩阵 $\boldsymbol{M}$ 的集合,其中 0 是 K 的加法恒等元。这样的群被称作一般线性群,记为 $\boldsymbol{GL}(n,k)$;

(2) $\boldsymbol{SL}(n,k) \in \boldsymbol{GL}(n,k)$ 是 $\boldsymbol{GL}(n,k)$ 的子群,且其元素的行列式为 1。这个群 $\boldsymbol{SL}(n,k)$ 被称作特殊线性群。

定义(正交矩阵群):$\boldsymbol{O}(n,k) \in \boldsymbol{GL}(n,k)$ 是 $\boldsymbol{GL}(n,k)$ 的子群,$\boldsymbol{GL}(n,k)$ 的元素矩阵 $\boldsymbol{A}$ 满足正交条件 $\overline{\boldsymbol{A}}^{\mathrm{T}} = \boldsymbol{A}^{-1}$,其中 $\overline{\boldsymbol{A}}^{\mathrm{T}}$ 是 $\boldsymbol{A}$ 的复共轭转置。$\boldsymbol{O}(n) = \boldsymbol{O}(n, R)$ 被称作正交群,$\boldsymbol{U}(n) = \boldsymbol{U}(n,C)$ 被称为酉群。

定义(特殊正交矩阵群):

(1) $\boldsymbol{SO}(n) = \boldsymbol{O}(n) \cap \boldsymbol{SL}(n,R)$ 是行列式为 1 的所有正交矩阵的集合,它称为特殊正交群;

(2) $\boldsymbol{SU}(n) = \boldsymbol{U}(n) \cap \boldsymbol{SL}(n,C)$ 是行列式为 1 的所有酉阵的集合,它称为特殊酉群。

定义(欧几里德矩阵群):

(1) 欧几里德群是矩阵 $\boldsymbol{E}(n)$ 的集合

$$\boldsymbol{E}(n) = \left\{\boldsymbol{A} \in \boldsymbol{R}^{(n+1)\times(n+1)} : \boldsymbol{A} = \begin{bmatrix} \boldsymbol{R} & \boldsymbol{p} \\ \boldsymbol{0}^{1\times n} & 1 \end{bmatrix}, \boldsymbol{R} \in \boldsymbol{GL}(n), \boldsymbol{p} \in \boldsymbol{R}^n\right\}$$

(2) 特殊欧几里德群是矩阵 $\boldsymbol{SE}(n)$ 的集合

$$\boldsymbol{SE}(n) = \left\{\boldsymbol{A} \in \boldsymbol{R}^{(n+1)\times(n+1)} : \boldsymbol{A} = \begin{bmatrix} \boldsymbol{R} & \boldsymbol{p} \\ \boldsymbol{0}^{1\times n} & 1 \end{bmatrix}, \boldsymbol{R} \in \boldsymbol{SO}(n), \boldsymbol{p} \in \boldsymbol{R}^n\right\}$$

定义(矩阵群的维数):一个矩阵群 $\boldsymbol{G}$ 的维数是 $\boldsymbol{G}$ 在 $\boldsymbol{I}$ 处的切向量的向量空间 $\boldsymbol{T}$ 的维数。

现在介绍用来确定矩阵群维数的一系列矩阵。用 $so(n)$ 表示 $M_n(R)$ 中的所有反对称阵的集合:

$$so(n) = \{\boldsymbol{A} \in \boldsymbol{M}_n(R) : \boldsymbol{A}^{\mathrm{T}} + \boldsymbol{A} = 0\}$$

同样的,集合 $su(n)$ 表示反埃尔米特矩阵:

$$su(n) = \{\boldsymbol{A} \in \boldsymbol{M}_n(\boldsymbol{C}) : \overline{\boldsymbol{A}}^{\mathrm{T}} + \boldsymbol{A} = 0\}$$

集合 $sp(n)$ 表示反对偶矩阵:

$$sp(n) = \{\boldsymbol{A} \in \boldsymbol{M}_n(H) : \overline{\boldsymbol{A}}^{\mathrm{T}} + \boldsymbol{A} = 0\}$$

还给出以下定义:

$$sl(n) = \{\boldsymbol{A} \in \boldsymbol{M}_n(HR): \mathrm{trace}(\boldsymbol{A}) = 0\}$$

和

$$se(n) = \left\{\boldsymbol{A} \in \boldsymbol{R}^{(n+1)\times(n+1)}: \boldsymbol{A} = \begin{bmatrix} \hat{\boldsymbol{w}} & \boldsymbol{p} \\ \boldsymbol{0} & 0 \end{bmatrix}, \hat{\boldsymbol{w}} \in \boldsymbol{SO}(n), \boldsymbol{p} \in \boldsymbol{R}^n\right\}$$

1.4.2 李群

矩阵李群的讨论需要一些微分几何学的定义。本节的内容是在文献[36]、[37]中的动力学控制系统和文献[38]中拓扑理论的背景下进行处理的。

定义(拓扑空间):拓扑空间是集合 $\boldsymbol{M}$ 和 $\boldsymbol{M}$ 的子集 $\boldsymbol{T}$ 的并集,它满足下列条件:

(1) $\boldsymbol{T}$ 包含空集 $\varnothing$ 和 $\boldsymbol{M}$;

(2) $\boldsymbol{T}$ 中任意集合的并集都包含于 $\boldsymbol{T}$ 中;

(3) $\boldsymbol{T}$ 中任意有限集合的交集都包含于 $\boldsymbol{T}$ 中。

该拓扑空间用$(\boldsymbol{M},\boldsymbol{T})$表示,其中 $\boldsymbol{T}$ 称作 $\boldsymbol{M}$ 中的一个拓扑。

定义(同胚):两个拓扑空间 $\boldsymbol{M}$ 和 $\boldsymbol{N}$,如果存在函数 $f:\boldsymbol{M}\to\boldsymbol{N}$ 是连续和双射的(既是单射也是满射,亦称一一映射)并且它的逆 f^{-1} 也是连续的,就称这两个拓扑空间是同胚的。函数 f 称作同胚。

定义(流形):一个 n 维流形就是一个拓扑空间 $\boldsymbol{M}$ 使得对任意 $\boldsymbol{p}\in\boldsymbol{M}$,存在一个 $\boldsymbol{p}$ 的邻域与 $\boldsymbol{R}^n$ 中的一个开集同胚,$\boldsymbol{M}$ 的维数是 n。

定义(光滑流形):光滑流形是一个相关的最大图集的流形。

现在介绍流形的切向量的概念。假设 $\boldsymbol{M}$ 是 n 维微分流形,且 $\boldsymbol{p}\in\boldsymbol{M}$,令

$$\boldsymbol{A}(\boldsymbol{p}) = \{(\boldsymbol{W},f): \boldsymbol{p} \in \boldsymbol{W}, \boldsymbol{W}\text{是 }\boldsymbol{M}\text{ 中的开集}, f:\boldsymbol{W} \to \boldsymbol{R}\text{ 是光滑的}\}$$

定义(切向量):$\boldsymbol{p}\in\boldsymbol{M}$ 处的一个切向量,是线性映射 $\xi:\boldsymbol{A}(\boldsymbol{p})\to\boldsymbol{R}$,对于所有 $f,g\in\boldsymbol{A}(\boldsymbol{p})$,满足下列的条件:

(1) 如果 $f=g$ 在 $\boldsymbol{p}$ 的邻域中,那么 $\xi(f)=\xi(g)$;

(2) 乘法定则:$\xi(fg)=f(\boldsymbol{p})\xi(g)+\xi(f)g(\boldsymbol{p})$。

$\boldsymbol{M}$ 在 $\boldsymbol{p}$ 处的切空间是 $\boldsymbol{M}$ 在 $\boldsymbol{p}$ 处所有切向量的集合,记为 $\boldsymbol{T}_p\boldsymbol{M}$。

定义(向量场):n 维流形 $\boldsymbol{M}$ 中 $\boldsymbol{p}$ 点处的向量场定义为映射 $X:\boldsymbol{T}_p\boldsymbol{M}\to\boldsymbol{N}$。对任意 $\boldsymbol{p}\in\boldsymbol{M}$,流形中的光滑向量场是 $\boldsymbol{X}_p\in\boldsymbol{T}_p$ 的一个分布。使得如果 $f:\boldsymbol{M}\to\boldsymbol{R}$ 是光滑函数,那么

$$(X,f) \equiv \boldsymbol{X}_p(f): \boldsymbol{M} \to \boldsymbol{R}$$

对所有 $\boldsymbol{p}$ 都是光滑的。

定义(积分曲线):给定 $\boldsymbol{M}$ 中的一个向量场 $\boldsymbol{f}$,如果满足下列条件,则光滑曲线 $c:(t_1,t_2)\to\boldsymbol{M}$ 称作积分曲线

$$\dot{c}(t) = \boldsymbol{f}(c(t)),\text{对所有的 } t \in (t_1,t_2)$$

$\boldsymbol{M}$ 中的积分曲线是每一点都遵循给定向量场的曲线。因此向量场表示流形中的微分方程。光滑向量场的空间在适当的乘法运算下可以变成代数。

定义(李代数):如果[· , ·]对所有 $\boldsymbol{A},\boldsymbol{B},\boldsymbol{C}\in\boldsymbol{V}$ 和 $r,k\in\boldsymbol{R}$ 都满足下列条件,则向量空间 $\boldsymbol{V}$ 连同二元运算[· , ·]:$\boldsymbol{V}\times\boldsymbol{V}\to\boldsymbol{V}$ 被称作李代数:

(1) 反对称性:$[\boldsymbol{A},\boldsymbol{B}] = -[\boldsymbol{B},\boldsymbol{A}]$。

(2) 双线性:$[r\boldsymbol{A}+k\boldsymbol{B},\boldsymbol{C}] = r[\boldsymbol{A},\boldsymbol{C}]+k[\boldsymbol{B},\boldsymbol{C}]$。

(3) $r[\boldsymbol{A},\boldsymbol{B}] = [r\boldsymbol{A},\boldsymbol{B}] = [\boldsymbol{A},r\boldsymbol{B}]$。

(4) 雅可比恒等式:$[\boldsymbol{A},[\boldsymbol{B},\boldsymbol{C}]]+[\boldsymbol{B},[\boldsymbol{A},\boldsymbol{C}]]+[\boldsymbol{C},[\boldsymbol{A},\boldsymbol{B}]]=0$。

李导数的定义为光滑函数 λ 在向量场 $\boldsymbol{f}$ 方向的变化率,可用如下形式表示:

$$L_f\lambda(p) = (\boldsymbol{f}(p))(\lambda)$$

给定两个向量场 $\boldsymbol{f}$ 和 $\boldsymbol{g}$,可以定义一个新向量场为

$$([\boldsymbol{f},\boldsymbol{g}](p))\lambda = (L_fL_g\lambda)(p) - (L_gL_f\lambda)(p)$$

$[\boldsymbol{f},\boldsymbol{g}]$称为 $\boldsymbol{f}$ 和 $\boldsymbol{g}$ 的李括号。具有李括号的向量空间的二元运算形成了李代数。M 中向量场 $\boldsymbol{C}^\infty$ 的空间记为 $\boldsymbol{V}^\infty(\boldsymbol{M})$。

连同李括号运算,$\boldsymbol{V}^\infty(\boldsymbol{M})$是一个代数。

定义(分布):$\boldsymbol{M}$ 上的分布是映射 $\Delta:\boldsymbol{M}\to \boldsymbol{TM}$ 对每一个 $\boldsymbol{p}\in\boldsymbol{M}$ 分配一个切空间 $\boldsymbol{T_pM}$ 的子空间。如果对每一个 $\boldsymbol{p}\in\boldsymbol{M}$ 都存在邻域 $\boldsymbol{U}$ 和光滑向量场 $\boldsymbol{f}_i$, $i=1,\cdots,m$ 的聚集,使得所有的 $q\in\boldsymbol{U}$,那么 $\boldsymbol{\Delta}$ 称作光滑分布

$$\boldsymbol{\Delta}(q) = \mathrm{span}(\boldsymbol{f}_i(q)),i = 1,\cdots,m$$

$\boldsymbol{\Delta}(q)$的维数是 m。

若对于分布 $\boldsymbol{\Delta}$ 中任意两个向量场 $\boldsymbol{f},\boldsymbol{g}\in\boldsymbol{\Delta}$,均有李括号$(\boldsymbol{f},\boldsymbol{g})$也属于 $\boldsymbol{\Delta}$,则 $\boldsymbol{\Delta}$ 称为对合分布。

对于在开集 $\boldsymbol{U}$ 上的分布 $\boldsymbol{\Delta}$,如果存在某一整数 m 使得所有 $q\in\boldsymbol{U}$,满足下式

$$\dim(\boldsymbol{U\Delta}(q)) = m$$

则称该分布为非奇异分布(正则分布)。

定义(李群):李群 $\boldsymbol{G}$ 是微分流形,使得对 $x,y\in\boldsymbol{G}$ 是光滑函数。

(1) $(x,y)\mapsto xy$;

(2) $x\mapsto x^{-1}$。

所有的有限维李群都可以用矩阵群表示。矩阵群 $\boldsymbol{GL}(n,\boldsymbol{R})$, $\boldsymbol{O}(n)$,

$SO(n)$，$E(n)$和 $SE(n)$都是李群。

设 G 是一个含单位元 I 的李群，X_1 是 G 在 I 处的切向量。对任意 $g \in G$，定义 g 的左移是映射 $L_g: G \to G$ 使得 $L_g(x) = gx$，其中 $x \in G$。因为 G 是一个李群，L_g 是 G 对每个 g 的一个微分同胚映射。微分同胚映射是一个光滑可逆函数，它将一个微分流形映射成另一个。取 L_g 在 e 处的微分产生一个从 G 在 e 处的切空间到 G 在 g 处的切空间的映射：

$$\mathrm{d}L_g: T_e G \to T_g G$$

这样

$$X_g = \mathrm{d}L_g(X_g)$$

通过对每个 $g \in G$ 设定 $x_g \in T_g(G)$形成的向量场称为左不变场。G 的左不变向量场在[·，·]下形成一个代数，它称为 G 的李代数，用 $L(G)$表示。$L(G)$实际上是 G 上所有光滑向量场的李代数的一个子代数。

这里介绍的数学知识将用于自主水下航行器运动学模型的建立和可控性分析。航行器的运动包括转动和平移，可以在流形框架下用李群表示。然而，控制设计是基于局部坐标进行的。这些局部坐标是全局坐标的参数化形式，因此具有奇异性，这在控制设计中也提到了。

第2章 问题的数学描述和实例

本章将简要介绍自主水下航行器的运动规划及其相关的问题,这种运载器运动学模型的控制涉及非完整性的概念,由广义速度上约束的不完整性可知,这种运载器本质上是非线性和欠驱动的。最后对自主水下航行器的运动规划问题给出明确的表述,同时将对不同运动规划任务的闭环控制设计进行讨论。

2.1 非完整系统的运动规划

本节的主要目的是解决非完整约束系统的运动规划和控制设计问题。对非完整系统的运动规划已经有了比较深入的研究,并且还有许多研究正在进行。正由于其自身理论的挑战性和实际应用的重要性,吸引了很多研究者。这些非完整约束出现在许多先进的机器人系统中,并且这种系统的应用有很多。由于理论上的挑战性使得这一难题趣味横生。首先,这些系统是欠驱动的,即控制系统的输入数量少于状态量或者系统的可控变量数量。所以,运动规划意味着系统可以通过较少的激励来实现完全可控,从而改善整个系统的费效比。同时,欠驱动可以为整个驱动系统提供控制技术的备份。其次,对非完整系统的规划与控制要比对完整系统更加困难。已经被详细研究的运动控制问题是那些有规律可循的稳定性问题和跟踪性问题。

正如布罗凯特证明的那样[2],这种系统的稳定性问题是一个大问题,对于这些有着受限运动的非完整控制系统,使用光滑时不变状态反馈法不能使其稳定到期望的配置(平衡)状态。因此,许多学者关于这个问题进行了大量的研究,一些作者提出了非光滑或者不连续控制,其他一些学者提出光滑时变的控制法则,而还有一些学者提出了二者联合的方法,也就是离散的时变控制法则[8,9]。文献[10]针对车型机器人首次提出将运动学模型转换成链式模型的方法并进行控制。在文献[1]中对非完整的车型机器人系统的反馈控制进行了研究,给出了多种不同的运动规划任务,例如跟踪一个时变的参考轨迹、实现路径跟随和点对点镇定。第3章研究内容将采用文献[1]的思路,对水下自主航行器的应用进行扩展和修正。反馈控制器的设计将利用系统的运动学模型,应用于不同的运动任务。利用非完整约束的定义对运动学模型进行阐述。

2.2 非完整约束

机械系统中涉及到广义坐标与速度的约束被称为系统的运动学约束,也被称为非完整约束,形式如下:

$$\boldsymbol{a}_i(\boldsymbol{q},\dot{\boldsymbol{q}}) = 0, i = 1,2,\cdots,k < n \tag{2.1}$$

式中,$\boldsymbol{q}$ 是广义坐标向量或状态向量。$\boldsymbol{q} \in \boldsymbol{M} \subset \boldsymbol{R}^n$,$n$ 是向量 $\boldsymbol{q}$ 所属的配置空间 $\boldsymbol{M}$ 的维数。广义速度可从给定配置中获得,可以通过它来限制系统的运动。通常这样的约束在力学中的 Pfaffian 形式为

$$\boldsymbol{a}_i^{\mathrm{T}}(\boldsymbol{q})\dot{\boldsymbol{q}} = 0, i = 1,2,\cdots,k < n \tag{2.2}$$

或

$$\boldsymbol{C}(\boldsymbol{q})\dot{\boldsymbol{q}} = 0 \tag{2.3}$$

这意味着它们在广义速度下是线性的。$\boldsymbol{a}_i(\boldsymbol{q}) \in \boldsymbol{M} \subset \boldsymbol{R}^n, i=1,2,\cdots,k$ 是行向量。假设向量 $\boldsymbol{a}_i:\boldsymbol{M} \mapsto \boldsymbol{R}^n$ 是光滑和线性独立的。矩阵 $\boldsymbol{C}(\boldsymbol{q}) \in \boldsymbol{R}^{n\times n}$是约束矩阵。

运动学约束通过限制广义速度来约束运动。非完整的约束是不可积的。所以系统能够表现出的瞬时移动被限制到$(n-1)$维的约束矩阵 $\boldsymbol{C}(\boldsymbol{q})$的零空间。但在状态空间 $\boldsymbol{M}$ 中达到任何配置都是可能的。一般而言,在一个拥有 n 个坐标轴和 k 个非完整约束的系统中,虽然速度被限制到$(n-k)$维的空间中,但是依然可以获得在配置空间中的全局可控性。

当不考虑作用在系统上的实际动态干扰的情况下,水下航行器或任何类似系统的运动学模型的研究已经较为成熟。这样的系统在速度上有运动学约束,例如在路上运动时这些约束主要是由两个表面相接触的滚动和没有滑动的滚动所产生的。系统受到守恒定律的约束或者系统控制输入本身的性质,同样会导致运动约束问题[11]。因此,非完整约束允许系统在配置空间中作全局运动的同时,在局部约束或降低系统自由度。

非完整性的概念与相应控制系统的可控性有关。把约束说明重新定义为方向或者自由度,即在某方向或者自由度上系统可以运动(而不是说明其在某些

方向上不能运动)，这种定义与说明相应控制系统的可控性是等价的。确切地说，如果系统是最大非完整的，那么此系统是可控的，即配置空间里的任一点都是可达的。通过这种方式就可以把运动问题转化成控制问题。

在机械系统中有多种非完整约束。这些约束的产生原因已经在前面的段落中给出，如果想得到更加详细的分析，可以参考文献[11]和[12]。以下给出一些典型的非完整系统的例子：

- 有轮子的移动遥控机器人；
- 空间机器人；
- 水下航行器；
- 卫星；
- 多触手操纵器；
- 弹跳机器人。

2.3 问题的描述

对于水下航行器，三种基本的运动规划任务如下所述：

点镇定：要求系统从任意初始状态(点)开始镇定到任意终止状态(点)。

路径跟随：要求系统从给定的初始点开始，以给定的速度沿着给定的与时间无关的路径运动，最终到达指定终点。

轨迹跟踪：要求系统从给定的初始点开始，跟踪与时间成函数关系的轨迹，最终到达指定终点。

图2.1(a)到2.1(c)中展示了车型机器人在没有障碍的环境下的运动规划任务。

使用前馈控制(开环)、反馈控制(闭环)或二者结合的控制都可以实现这种任务。因为闭环反馈控制在一般情况下都是鲁棒的，而且抗干扰能力强，所以首选闭环控制。

对于控制，点镇定可认为是关于状态空间中一个平衡点的姿态稳定问题，轨迹跟踪可以认为是一个跟踪问题，即参考轨迹与期望轨迹之间的误差渐进稳定到零的问题。

对于非完整系统来说，轨迹跟踪或路径跟随(二者兼而有之)，要比稳定性问题容易。这种差别可以通过在多组被控的输入和输出量(或状态量)之间作比较来解释说明。假设一个稳定性校准问题，m 个输入(对于车型机器人，假设 $m=2$)用来校准或控制 n 个独立的控制变量或状态变量(对于车型机器人,假设 $n=4$),其中 m 小于 n。而在路径跟随和轨迹跟踪的情况下,被控输出量的维数 p 等于输入的维数 m。例如对于一个车型机器人来说,在路径跟随的情况下 m 等于 1,p 等于 1,而在轨迹跟踪的情况下,m 等于 2,p 等于 2。也就是说必须把与笛卡儿轨迹相关的二维误差向量稳定到零。所以这些控制问题是一致的,并且它们的难度相当,都要比稳定性问题低。因此,点镇定性问题是三者之中最难的。然而在实际中,非完整系统的轨迹跟踪或路径跟随问题也很难实现。

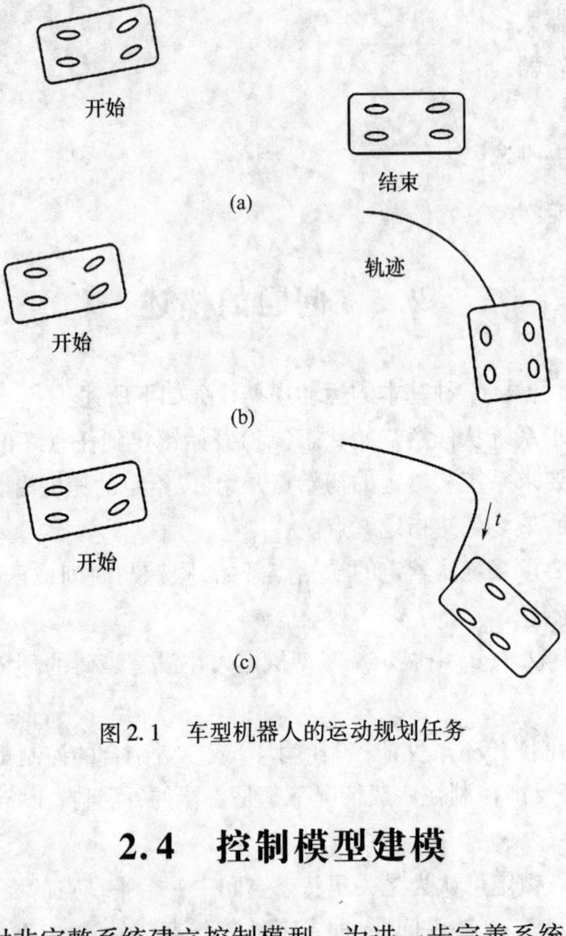

图 2.1　车型机器人的运动规划任务

2.4　控制模型建模

本节将针对非完整系统建立控制模型。为进一步完善系统,需要考虑到作用于系统上的一阶运动约束,如 2.2 节所述,这样的约束具有下面的形式:

$$\boldsymbol{a}_i^{\mathrm{T}}(\boldsymbol{q})\dot{\boldsymbol{q}} = 0, i = 1,2,\cdots,k < n \text{ 或 } \boldsymbol{C}(\boldsymbol{q})\dot{\boldsymbol{q}} = 0$$

矢量 $\boldsymbol{q}$ 是广义坐标;$\dot{\boldsymbol{q}}$ 是其一阶微分(速度矢量);$\boldsymbol{C}(\boldsymbol{q})$是约束矩阵。

将矢量场表示成 m 维张成空间 $\boldsymbol{\Delta}$ 如下:

$$\boldsymbol{\Delta} = \mathrm{span}\{g_1, g_2, \cdots, g_m\}$$

$\boldsymbol{g}'_j s$ 是$(n-k)$维约束矩阵 $\boldsymbol{C}(\boldsymbol{q})$的零空间的基。所以可得下式，

$$\boldsymbol{a}_i^{\mathrm{T}}(\boldsymbol{q}) g_j(\boldsymbol{q}) = 0; i = 1,2,\cdots,k < n\ j = 1,2,\cdots,(n-k) = m \quad (2.4)$$

或

$$\boldsymbol{C}(\boldsymbol{q})\boldsymbol{G}(\boldsymbol{q}) = 0 \quad (2.5)$$

假设向量场 $\boldsymbol{g}'_j s$ 是光滑、线性独立的，则 $\boldsymbol{a}_i^{\mathrm{T}}(\boldsymbol{q})'s$ 是光滑和独立的。通过将所有可实现的速度量表示成这些基向量的线性组合，可以得到系统的一阶运动学模型为

$$\dot{\boldsymbol{q}} = g_1(\boldsymbol{q})v_1 + g_2(\boldsymbol{q})v_2 + \cdots + g_m(\boldsymbol{q})v_m \quad (2.6)$$

$$\text{或}\ \dot{\boldsymbol{q}} = \sum_{i=1}^{n-k=m} (g_j(\boldsymbol{q})v_j) \quad (2.7)$$

其中，伪速度矢量 $\boldsymbol{v}'_j s$ 作为控制输入，$\boldsymbol{g}'_j s$ 是输入向量场。模型直接给出了在系统中存在 k 个非完整约束，有 n 个状态或者配置变量和 $m = n-k$ 个控制输入。式(2.6)表示的控制模型被称为系统的运动学模型。该模型是无漂移、非线性和欠驱动的控制系统。

2.5 可控性问题

对于无漂移的控制模型，局部可达性和可控性是等价的。而且整个配置空间的可控性对应运动约束的完全非完整性。根据乔恩定理，对于无漂移控制系统，如果满足条件

$$\dim \boldsymbol{\Delta}_c(q_0) = n \quad (2.8)$$

那么控制系统在 q_0 点是局部可达可控的，$\boldsymbol{\Delta}_c$ 是式(2.6)中给出的运动学模型的可达性分布。输入向量场的张成子空间定义为

$$\boldsymbol{\Delta}_c = \mathrm{span}\{\boldsymbol{v} \mid \boldsymbol{v} \in \boldsymbol{\Delta}_i\ \forall i \geqslant 1\}$$

同时，

$$\boldsymbol{\Delta}_i = \boldsymbol{\Delta}_{i-1} + \mathrm{span}\{[\boldsymbol{g}, \boldsymbol{v}] \mid \boldsymbol{g} \in \boldsymbol{\Delta}_1, \boldsymbol{v} \in \boldsymbol{\Delta}_{i-1}\}, i \geqslant 2$$

$$\boldsymbol{\Delta}_1 = \mathrm{span}\{g_1, g_2, \cdots, g_m\} \quad (2.9)$$

这表明 $\boldsymbol{\Delta}_c$ 是与输入向量场 $\boldsymbol{g}'_j s$ 相关联的 $\boldsymbol{\Delta}_1$ 分布的对合闭包。区间$[\boldsymbol{g}, \boldsymbol{v}]$是 $\boldsymbol{g}$ 和 $\boldsymbol{v}$ 两个向量场的李氏括号，被定义为

$$[\boldsymbol{g}, \boldsymbol{v}](q) = \frac{\partial \boldsymbol{v}}{\partial \boldsymbol{q}}\boldsymbol{g}(\boldsymbol{q}) - \frac{\partial \boldsymbol{g}}{\partial \boldsymbol{q}}\boldsymbol{v}(\boldsymbol{q}) \quad (2.10)$$

乔恩定理为可控性提供了充要条件[12]，而且如果系统是可控的，那么它的动态扩展可由下式给出：

$$\dot{\boldsymbol{q}} = \sum_{j=1}^{n-k=m} (g_j(\boldsymbol{q})v_j) \tag{2.11}$$

其中，$\dot{v}_j = u_j; j=1,2,\cdots,m$ 也是可控的。在一些情况下，输入向量场 $\boldsymbol{g'}_j\boldsymbol{s}$ 是零幂基。此时所有高阶的李括号是零[12]，这就免去了繁琐的数据处理。

2.6 稳 定 性

式(2.7)中给出的控制系统稳定性问题可以定义为寻找形如 $u(q,t)$ 的闭环控制法则，来使闭环系统渐进稳定到一个平衡点或者一条可实现的参考轨迹。在平衡点稳定性问题中为开环系统假设一个平衡点，也就是 $\dot{q}=f(q_e)=0$。

2.6.1 点的可控性和稳定性

对于式(2.7)中给出的无漂移控制系统，在零输入条件下任何配置 q_e 都是一个开环平衡点。对于线性系统 $\dot{x}=\boldsymbol{A}x+\boldsymbol{B}u$，如果系统满足可控性的秩判据

$$\operatorname{rank}[\boldsymbol{B} \quad \boldsymbol{AB} \quad \boldsymbol{A}^2\boldsymbol{B} \quad \cdots \quad \boldsymbol{A}^n\boldsymbol{B}] = n \tag{2.12}$$

那么通过一个光滑时变状态反馈可以实现系统的渐进稳定，换句话说，如果满足可控性条件，就会存在闭环控制器 $u=k(x-x_e)$，使系统相对于平衡点 x_e 渐进稳定。

接下来分析一下式(2.7)所示系统的可控性。为此，将系统在平衡点(q_e)近似线性化。近似线性化系统由下式给出

$$\dot{q} = \delta\dot{q} = \boldsymbol{G}(q_e)\boldsymbol{v} \tag{2.13}$$

其中，$\delta q = q - q_e$，由于可控性矩阵 $\boldsymbol{G}(q_e)$ 的秩是 $m(m<n)$，显然系统不可控。因此线性控制器不能实现系统的局部稳定。

用微分几何工具可以判断非线性系统的可控性，即可以利用李氏代数的排列条件来证明它的稳定性。然而即使系统是完全可控的（从非线性系统的角度），在稳定点处仍然存在严重的理论局限性。这一局限在某种意义上是指通过任何光滑时变反馈控制方法均不能使系统达到渐进稳定[13]。

布罗凯特理论可以验证以上结论[2]。布罗凯特理论指出通过光滑时变的闭环控制，使一个无漂移系统达到稳定是不可能的。理论表明，对于式(2.7)所

示的无漂移欠驱动控制系统,向量场 $g'_j s$ 在 q_e 处线性独立、输入维数 m 等于状态变量维数 n 是实现光滑稳定的充要条件。值得注意的是,如果系统不能通过光滑反馈控制达到稳定,那么对于系统的动态扩展将会出现相同的负面结果,也说明了这一理论不适用于时变反馈控制。

所以,为了实现姿态稳定,设计反馈控制器时要么放弃连续的要求(即使用非光滑反馈控制),要么使用时变控制,或者将两种方法相结合。

2.6.2 关于轨迹的可控性与稳定性

在轨迹跟踪时,要实现关于一条轨迹的稳定,必须保证系统的参考轨迹是可行的。换句话说,应该获得或生成那些满足非完整系统约束的状态和输入轨迹,即满足式(2.2)。

2.6.3 近似线性化

对于式(2.7)给出的近似线性系统,取期望的状态轨迹为 $q_d(t)$,输入轨迹为 $v_d(t)$。容易看出,光滑轨迹的线性化结果为线性时变系统,且系统很容易满足可控性条件,即只要输入参考轨迹持久稳定,那么可控性格拉姆矩阵是非奇异的[12]。这就意味着只要轨迹不停止,就可以通过使用光滑时变控制法则来实现期望轨迹的稳定。但需注意,这里给出的控制是基于原始系统在参考轨迹附近的近似线性化,闭环系统是局部渐进稳定的。为了实现轨迹跟踪误差的全局稳定,必须使用非线性闭环设计。

2.6.4 精确反馈线性化

在机器人控制领域,如果广义坐标数等于控制输入量(即 $n=m$),使用非线性静态状态反馈可以将系统的运动学模型或动力学模型转换成线性系统[14],通过在状态空间进行坐标变换,由系统方程表示出来。

对于非线性系统的精确线性化,输出量被选为一个设定的期望行为。两种精确线性化的模型(全状态反馈线性化和输入输出线性化)都是可行的。在第一种情况下,反馈变换是指将所有的系统方程线性化。而在第二种情况下,反馈变换是指闭环系统的输入输出响应是线性的。对于多输入多输出系统,这种变换实现了输入向量和输出向量之间的解耦。通过静态反馈和动态反馈都可以实现这两种变换[14]。

2.6.5 静态反馈线性化

对于非完整运动学模型,不能使用静态时不变状态反馈来实现全状态反馈线性化,导致这一点的原因是不符合全状态反馈线性化的必要条件。事实上,2.6 节所导出的系统可控性条件要求由 g_j 产生的分布 $\boldsymbol{\Delta}_o$ 不对合,不满足静态反馈变换的必要条件。

然而,在使用静态反馈的条件下,输入输出线性化是可能的。这里的 m 维方程组通过反馈变换成简单的去耦积分器,但选择哪个输出量进行线性化不是唯一的。例如对于(2,n)结构的链式系统,可以通过静态反馈完成输出的线性化。需要注意的是,在输入输出线性化时,内部的动力特性可能留在闭环系统内,为了使轨迹误差按照指数收敛于零,需要对这些内部的动力特性进行合理建模,分析并且保证它们的稳定性。

2.6.6 动态反馈线性化

如果静态反馈设计失效,可以对非完整系统使用动态反馈控制设计来实现非完整系统的精确反馈线性化。使用动态反馈可以实现全状态反馈线性化。对于式(2.7)所给出的模型,有

$$\dot{\boldsymbol{q}} = \boldsymbol{G}(\boldsymbol{q})\boldsymbol{v} \qquad \boldsymbol{q} \in \boldsymbol{R}^n,\ \boldsymbol{v} \in \boldsymbol{R}^m \tag{2.14}$$

动态反馈补偿器的形式是

$$\begin{aligned} \boldsymbol{v} &= a(\boldsymbol{q},\boldsymbol{\zeta}) + b(\boldsymbol{q},\boldsymbol{\zeta})\boldsymbol{r} \\ \dot{\boldsymbol{\zeta}} &= c(\boldsymbol{q},\boldsymbol{\zeta}) + d(\boldsymbol{q},\boldsymbol{\zeta})\boldsymbol{r} \end{aligned} \tag{2.15}$$

其中,$\boldsymbol{\zeta}(t) \in \boldsymbol{R}^v$ 是 v 维补偿器的状态向量,并且 $\boldsymbol{r}(t) \in \boldsymbol{R}^v$(与输入矢量 $\boldsymbol{\zeta}(t)$ 有相同的维数)是附加输入。式(2.15)是从式(2.14)中获得的闭环系统,并且可以通过状态变换 $z = T(\boldsymbol{q},\boldsymbol{\zeta})$ 等价为一个线性系统。为了应用于非完整系统,线性化处理包含以下步骤:

首先,定义系统输出为 $\boldsymbol{y} = h(\boldsymbol{q})$。对于该输出需要设定一个期望的跟踪轨迹,然后对输出 $\boldsymbol{y}$ 连续微分直到系统输入变为非奇异。由于需要求解输入微分方程式的逆,因此系统必须是非奇异的。如果在某一步骤中包含系统输出量的微分,则系统的去耦矩阵是奇异的,也就是一些输入量还没获得,仍需在一些输入通道加上积分器,微分过程将继续。需注意在下次微分时应避免直接对系统输入微分。这一操作被称为动态扩展,它将一个系统输入转变成动态补偿器的状态。动态补偿器把新的附加输入 $\boldsymbol{r}$ 作为它的输入。微分过程持续进行直到系

统通过处理变为可逆才会停止。积分器连续叠加的次数为动态补偿器的状态 ζ 的维数。如果输出微分变量的阶数等于系统扩展的状态空间的维数 $n+v$(原始、动态的补偿器状态),那么可以实现系统的全状态线性化,因为系统内部没有动态特性。

2.7 非完整系统的例子

在轨迹上滚动的轮子是一个最简单的非完整系统的例子。以一个独轮车为例,由于滚动缺少滑动条件,就会产生约束,这里的约束是指轮子不能在侧面方向滑动。广义坐标矢量是 $\boldsymbol{q}=(x,y,\theta)$,$x$ 轴和 y 轴是轮子的位置坐标,θ 是轮子与 x 轴的夹角,如图 2.2 所示。

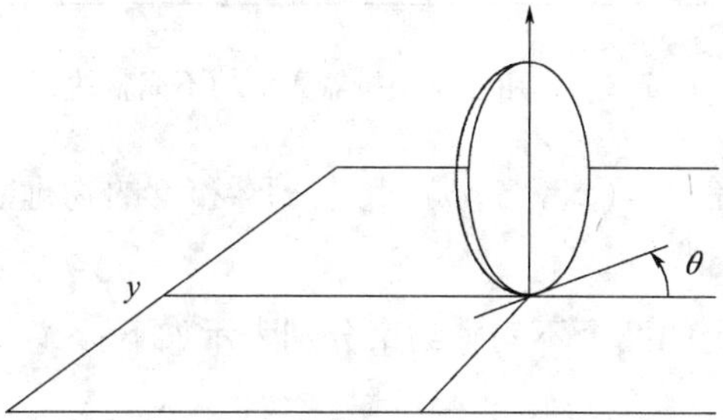

图 2.2　作用在独轮车上的不完整约束

广义速度需满足下面的运动学约束:

$$\dot{x}\sin\theta-\dot{y}\cos\theta=0 \tag{2.16}$$

换句话说,沿着轮子与地面接触点平面垂线的速度为零。上式可以化为 $\boldsymbol{C}(\boldsymbol{q})\dot{\boldsymbol{q}}=0$ 的形式,其中约束矩阵为 $\boldsymbol{C}(\boldsymbol{q})=[\sin\theta -\cos\theta \quad 0]$。

把速度表示成约束矩阵 $\boldsymbol{C}(\boldsymbol{q})$ 的零空间的线性组合,可以得到下面的运动学模型:

$$\dot{\boldsymbol{q}}=g_1(\boldsymbol{q})v_1+g_2(\boldsymbol{q})v_2$$

或

$$\begin{pmatrix}\dot{x}\\ \dot{y}\\ \dot{\theta}\end{pmatrix}=\begin{pmatrix}\cos\theta\\ \sin\theta\\ 0\end{pmatrix}v_1+\begin{pmatrix}0\\ 0\\ 1\end{pmatrix}v_2 \tag{2.17}$$

其中,v_1 是轮子的线速度;v_2 是绕着垂直轴的角速度,状态量个数 $n=3$,控制输入量个数 $m=2$,非完整约束个数 $k=1$。

图 2.3 给出了一个非完整系统的例子，即车型机器人。这个机器人有两个轮子，并且每个轮子都属于非完整约束（这里的约束与独轮车的情况相同）。

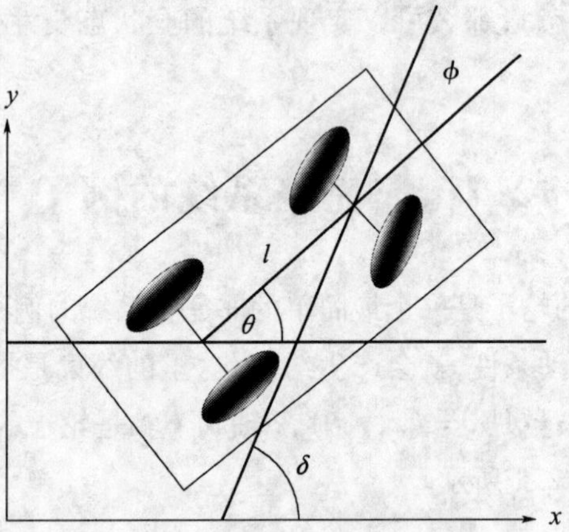

图 2.3　作用在车型机器人上的不完整约束

广义坐标向量是 $\boldsymbol{q}=(x,y,\theta,\phi)$，其中 x,y 和 θ 的物理意义与前面相同，角度 ϕ 是转弯角度。

作用在前后轮上的两个不完整约束分别表示如下：

$$\begin{cases}\dot{x}\sin(\theta+\phi)-\dot{y}\cos(\theta+\phi)-\dot{\theta}l\cos\phi=0\\ \dot{x}\sin(\theta)-\dot{y}\cos(\theta)=0\end{cases} \tag{2.18}$$

其中，l 是前轮和后轮轴中心间的距离，将式（2.18）化为 $\boldsymbol{C}(\boldsymbol{q})\dot{\boldsymbol{q}}=0$ 的形式，其中

$$\boldsymbol{C}(\boldsymbol{q})=\begin{bmatrix}\sin(\theta+\phi) & -\cos(\theta+\phi) & -l\cos\phi & 0\\ \sin\theta & -\cos\theta & 0 & 0\end{bmatrix}$$

假定后轮驱动下的运动学模型为 $\dot{\boldsymbol{q}}=g_1(\boldsymbol{q})v_1+g_2(\boldsymbol{q})v_2$，展开为

$$\begin{pmatrix}\dot{x}\\ \dot{y}\\ \dot{\theta}\\ \dot{\phi}\end{pmatrix}=\begin{pmatrix}\cos\theta\\ \sin\theta\\ \tan\phi/l\\ 0\end{pmatrix}v_1+\begin{pmatrix}0\\ 0\\ 0\\ 1\end{pmatrix}v_2 \tag{2.19}$$

其中，v_1 是后轮驱动的速度输入；v_2 是转弯速度输入。上面的模型在 $\phi=\pi/2$ 处没有定义，且 g_1 是离散的。这是由于此时车子前轮轴变成了车身轴的法线，使得车子卡住。

对于所有三种运动任务的反馈控制设计、可控性分析和运动规划都已在文献[1]中给出,读者想要获得详细的分析,可以参考相关文献。水下航行器也是一个非完整系统,在第3章中将研究其运动规划任务,并且讨论和证明系统的可控性,同时给出航行器相对于期望轨迹和一点实现全局稳定的闭环控制法则。

第3章 数学模型和可控性分析

本章将详细推导航行器的数学模型,并对非线性系统的可控性进行深入研究。最后,为实现控制系统的设计,将系统转换成链式形式。

3.1 数学模型

本节简要地介绍水下航行器的数学模型。一个水下航行器通常具有六个自由度,并且它的运动可看成是刚体运动。由于刚体耦合和流体力学作用在航行器上,使得动力学系统变得具有高度非线性。水下航行器的数学模型包括以下两种:

(1) 动力学模型:此类模型考虑了引起航行器的运动和动态特性变化的外力。方程的转化和旋转遵从牛顿定律[15]。

(2) 运动学模型:此类模型不考虑产生航行器的运动和动力特性的外力,可实现航行器在运动状态下的动力学解耦。由于数学模型是非线性的,自主水下航行器具有非完整性[22]。在接下来的部分,将推导航行器运动学模型,并将其用于系统的分析和控制。第5章将介绍动力学模型。

3.1.1 运动学模型和非完整约束

系统的运动学模型是在线速度存在非完整约束的条件下得到的。非完整约束限制系统在某一方向的速度为零,但是这些约束并不限制系统的全局运动。这样的限制会出现在两个相互滚动面或总角动量守恒的空间系统。为了推导水下航行器运动学模型,假定两个正交的坐标系:

(1) 全局坐标系:全局或惯性坐标系可表示为(O,X,Y,Z),该坐标系固定在海平面某一原点O上,沿Z轴方向的单位矢量指向水下,沿X轴和Y轴方向的单位矢量可构成右手坐标系。

(2) 局部坐标系:当地水平或载体坐标系可表示为(p,x,y,z)。坐标系固定在以p为原点的航行器表面上,这两个坐标系如图3.1所示。

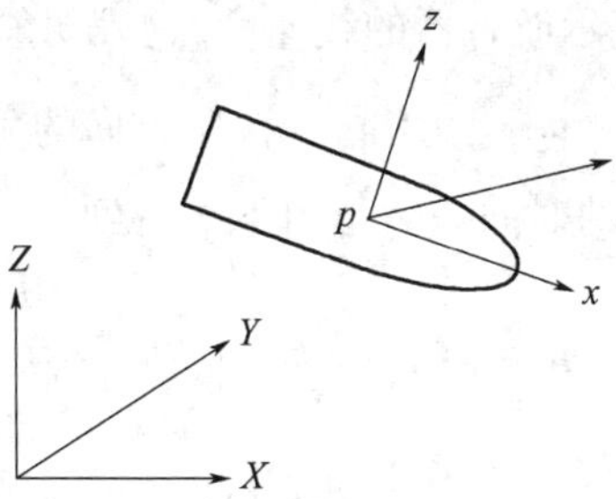

图 3.1　水下航行器的坐标系

3.1.2　相对全局坐标系的运动学模型

航行器的运动可由六个状态变量和四个输入变量表示。这里使用欧拉角来描述两个坐标系之间的转换。欧拉角是惯性坐标系和当地水平坐标系之间绕 x,y,z 三个轴的转角，分别为横摇 ϕ，纵摇 θ 和航向 ψ。

描述航行器运动需要六个广义坐标，其坐标向量用 $\boldsymbol{q}=[p\quad\eta]^{\mathrm{T}}$ 表示。这六个坐标分别是在局部坐标系下的笛卡儿位置向量 $\boldsymbol{p}=[x,y,z]^{\mathrm{T}}$ 和方向向量 $\boldsymbol{\eta}=[\phi,\theta,\psi]^{\mathrm{T}}$。方向向量是载体坐标系相对惯性坐标系的欧拉角。从当地水平坐标系到全局坐标系是通过一个旋转矩阵 $\boldsymbol{R}\in\boldsymbol{S}(O3)$ 转换得到的，这里 $\boldsymbol{S}(O3)$ 是一个刚体转动群。矩阵 $\boldsymbol{R}$ 是满足 $\boldsymbol{RR}^{\mathrm{T}}=\boldsymbol{I}$ 的正交矩阵，也就是 $\boldsymbol{R}^{\mathrm{T}}=\boldsymbol{R}^{-1}$ 且 $\det(\boldsymbol{R})=1$。$\boldsymbol{R}$ 用列向量 $\boldsymbol{R}=[\boldsymbol{n}\quad\boldsymbol{s}\quad\boldsymbol{a}]$ 表示为

$$\boldsymbol{R}=\begin{bmatrix} r_{11} & r_{12} & r_{13} \\ r_{21} & r_{22} & r_{23} \\ r_{31} & r_{32} & r_{33} \end{bmatrix}=[\boldsymbol{n}\quad\boldsymbol{s}\quad\boldsymbol{a}] \tag{3.1}$$

矩阵中的参数为

$$\begin{cases} r_{11}=\cos\theta\cos\psi \\ r_{12}=\sin\theta\sin\phi\cos\psi-\cos\phi\sin\psi \\ r_{13}=\sin\theta\cos\phi\cos\psi \\ r_{21}=\cos\theta\sin\psi \\ r_{22}=\sin\theta\sin\phi\sin\psi+\cos\phi\cos\psi \\ r_{23}=\sin\theta\cos\phi\sin\psi-\sin\phi\cos\psi \\ r_{31}=-\sin\theta \\ r_{32}=\sin\phi\cos\theta \\ r_{33}=\cos\phi\cos\theta \end{cases} \tag{3.2}$$

令 $\boldsymbol{v}=[v_x \quad 0 \quad 0]^{\mathrm{T}}$ 表示航行器的线速度,这表明航行器仅有沿着 x 轴方向的线速度,令 $\boldsymbol{\omega}=[\omega_x \quad \omega_y \quad \omega_z]^{\mathrm{T}}$ 为沿 x,y,z 轴方向的角速度。沿着三个坐标轴方向的速度矢量和欧拉角的时间导数可由下式得到:

$$\dot{\boldsymbol{p}} = \boldsymbol{R}\boldsymbol{v} = [\boldsymbol{n} \quad \boldsymbol{s} \quad \boldsymbol{a}]\boldsymbol{v} \tag{3.3}$$

$$\dot{\boldsymbol{R}} = \boldsymbol{R}\boldsymbol{S}(\boldsymbol{\omega}) \tag{3.4}$$

其中 $\boldsymbol{S}(\boldsymbol{\omega})$ 是反对称矩阵,表示为

$$\boldsymbol{S}(\boldsymbol{\omega}) = \begin{bmatrix} 0 & -\omega_z & \omega_y \\ \omega_z & 0 & -\omega_x \\ -\omega_y & \omega_x & 0 \end{bmatrix}$$

从上面的公式可得出

$$\dot{\boldsymbol{p}} = \boldsymbol{J}_1(\boldsymbol{\eta})v_x, \dot{\boldsymbol{\eta}} = \boldsymbol{J}_2(\boldsymbol{\eta})\boldsymbol{\omega} \tag{3.5}$$

其中

$$\boldsymbol{J}_1(\boldsymbol{\eta}) = [\cos\theta\cos\psi \quad \cos\theta\sin\psi \quad -\sin\theta]^{\mathrm{T}}$$

$$\boldsymbol{J}_2(\boldsymbol{\eta}) = \begin{bmatrix} 1 & \sin\phi\tan\theta & \cos\phi\tan\theta \\ 0 & \cos\phi & -\sin\phi \\ 0 & \sin\phi\sec\theta & \cos\phi\sec\theta \end{bmatrix}$$

上面的公式可写成如下形式:

$$\begin{cases} \dot{x}(t) = r_{11}v_x = \cos\psi\cos\theta v_x \\ \dot{y}(t) = r_{21}v_x = \sin\psi\cos\theta v_x \\ \dot{z}(t) = r_{31}v_x = -\sin\theta v_x \\ \dot{\phi}(t) = \omega_x + \sin\phi\tan\theta\omega_y + \cos\phi\tan\theta\omega_z \\ \dot{\theta}(t) = \cos\phi\omega_y - \sin\phi\omega_z \\ \dot{\psi}(t) = \sin\phi\sec\theta\omega_y + \cos\phi\sec\theta\omega_z \end{cases} \tag{3.6}$$

表示成矩阵形式为

$$
\begin{bmatrix} \dot{x}(t) \\ \dot{y}(t) \\ \dot{z}(t) \\ \dot{\phi}(t) \\ \dot{\theta}(t) \\ \dot{\psi}(t) \end{bmatrix} = \begin{bmatrix} \cos\psi\cos\theta & 0 & 0 & 0 \\ \sin\psi\cos\theta & 0 & 0 & 0 \\ -\sin\theta & 0 & 0 & 0 \\ 0 & 1 & \sin\phi\tan\theta & \cos\phi\tan\theta \\ 0 & 0 & \cos\phi & -\sin\phi \\ 0 & 0 & \sin\phi\sec\theta & \cos\phi\sec\theta \end{bmatrix} \begin{bmatrix} v_x \\ \omega_x \\ \omega_y \\ \omega_z \end{bmatrix} \tag{3.7}
$$

写成广义向量的形式为

$$
\begin{bmatrix} \dot{x}(t) \\ \dot{y}(t) \\ \dot{z}(t) \\ \dot{\phi}(t) \\ \dot{\theta}(t) \\ \dot{\psi}(t) \end{bmatrix} = \begin{bmatrix} \cos\psi\cos\theta \\ \sin\psi\cos\theta \\ -\sin\theta \\ 0 \\ 0 \\ 0 \end{bmatrix} v_x + \begin{bmatrix} 0 \\ 0 \\ 0 \\ 1 \\ 0 \\ 0 \end{bmatrix} \omega_x + \begin{bmatrix} 0 \\ 0 \\ 0 \\ \sin\phi\tan\theta \\ \cos\phi \\ \sin\phi\sec\theta \end{bmatrix} \omega_y + \begin{bmatrix} 0 \\ 0 \\ 0 \\ \cos\phi\tan\theta \\ -\sin\phi \\ \cos\phi\sec\theta \end{bmatrix} \omega_z \tag{3.8}
$$

系统中有两个非完整的约束。这两个约束分别是沿着 y 轴和 z 轴方向的线速度。速度在这两个方向上为零,这两个约束表示为

$$
\begin{aligned} \boldsymbol{s}^{\mathrm{T}}\dot{\boldsymbol{p}} &= 0 \\ \boldsymbol{a}^{\mathrm{T}}\dot{\boldsymbol{p}} &= 0 \end{aligned} \tag{3.9}
$$

将上式展开为如下形式:

$$
\begin{aligned} r_{12}\dot{x} + r_{22}\dot{y} + r_{32}\dot{z} &= 0 \\ r_{13}\dot{x} + r_{23}\dot{y} + r_{33}\dot{z} &= 0 \end{aligned}
$$

这些方程也可用欧拉角表示为

$$
(\cos\psi\sin\theta\sin\phi - \sin\psi\cos\phi)\dot{x} + (\sin\psi\sin\theta\sin\phi + \cos\psi\cos\phi)\dot{y} + (\cos\theta\sin\phi)\dot{z} = 0
$$

$$
(\cos\psi\sin\theta\cos\phi)\dot{x} + (\sin\psi\sin\theta\cos\phi - \cos\psi\sin\phi)\dot{y} + (\cos\theta\cos\phi)\dot{z} = 0
$$

上式可用 $\boldsymbol{A}(\boldsymbol{q})\dot{\boldsymbol{q}}=0$ 表示,其中

$$
\boldsymbol{A}(\boldsymbol{q}) = \begin{bmatrix} r_{12} & r_{22} & r_{32} & 0 & 0 & 0 \\ r_{13} & r_{23} & r_{33} & 0 & 0 & 0 \end{bmatrix} \tag{3.10}
$$

将速度描述为用向量场 $\boldsymbol{g}_1(\boldsymbol{q})$,$\boldsymbol{g}_2(\boldsymbol{q})$,$\boldsymbol{g}_3(\boldsymbol{q})$ 和 $\boldsymbol{g}_4(\boldsymbol{q})$ 的线性组合张成矩阵 $\boldsymbol{A}(\boldsymbol{q})$ 的零空间,建立如下运动模型:

$$
\dot{\boldsymbol{q}}(t) = \boldsymbol{g}_1(\boldsymbol{q})v_1 + \boldsymbol{g}_2(\boldsymbol{q})v_2 + \boldsymbol{g}_3(\boldsymbol{q})v_3 + \boldsymbol{g}_4(\boldsymbol{q})v_4
$$

$$\dot{\boldsymbol{q}}(t) = [\boldsymbol{g}_1(\boldsymbol{q}) \quad \boldsymbol{g}_2(\boldsymbol{q}) \quad \boldsymbol{g}_3(\boldsymbol{q}) \quad \boldsymbol{g}_4(\boldsymbol{q})]\begin{bmatrix} v_1 \\ v_2 \\ v_3 \\ v_4 \end{bmatrix} \tag{3.11}$$

其中 $v_1 = v_x; v_2 = \omega_x; v_3 = \omega_y; v_4 = \omega_z$ 且

$$\begin{cases} \boldsymbol{g}_1(\boldsymbol{q}) = [\cos\theta\cos\psi \quad \cos\theta\sin\psi \quad -\sin\theta \quad 0 \quad 0 \quad 0]^{\mathrm{T}} \\ \boldsymbol{g}_2(\boldsymbol{q}) = [0 \quad 0 \quad 0 \quad 1 \quad 0 \quad 0]^{\mathrm{T}} \\ \boldsymbol{g}_3(\boldsymbol{q}) = [0 \quad 0 \quad 0 \quad \sin\phi\tan\theta \quad \cos\phi \quad \sin\phi\sec\theta]^{\mathrm{T}} \\ \boldsymbol{g}_4(\boldsymbol{q}) = [0 \quad 0 \quad 0 \quad \cos\phi\tan\theta \quad -\sin\phi \quad \cos\phi\sec\theta]^{\mathrm{T}} \end{cases} \tag{3.12}$$

式(3.11)可以简写为如下形式：

$$\dot{\boldsymbol{q}} = \boldsymbol{G}(\boldsymbol{q})\boldsymbol{v} \tag{3.13}$$

上式给出了系统的运动学模型，该系统是非线性、欠驱动的（即系统的输入量少于它的状态量）。一般认为广义速度矢量 $\dot{\boldsymbol{q}}$ 不能假定为任意独立值，除非它满足非完整约束。这是普法夫约束的例子，它限定速度是线性的。式(3.1)容许广义速度包含在约束矩阵 $\boldsymbol{A}(\boldsymbol{q})$ 的零空间中。

3.2 可控性分析

考虑式(3.13)，系统是非线性、欠驱动且是无漂移的。因此，本小节利用李代数中的秩条件和微分几何控制理论的概念分析航行器的可控性。

3.2.1 点的可控性分析

输入 v_e 等于零时，考虑如式(3.13)所示系统在平衡点 q_e 的近似线性，可以用下式将误差与平衡点联系起来：

$$\tilde{q} = q - q_e$$

对时间求导可得

$$\dot{\tilde{q}} = g_1(q_e)v_1 + g_2(q_e)v_2 + g_3(q_e)v_3 + g_4(q_e)v_4$$

或

$$\dot{\tilde{q}} = \boldsymbol{G}(q_e)\boldsymbol{v} \tag{3.14}$$

这里 $\boldsymbol{G}(q_e)$ 是平衡点处的可控性矩阵，该矩阵的秩是 4。如果在平衡点处使系统线性化，则该线性化的系统是不可控的。因此，线性控制器在此点将不能工作。为了测试上述系统的可靠性，需使用李代数的秩条件和幂零原则。

幂零原则：这里重申分布式系统幂零原则的定义。给出一组基础向量场 $\boldsymbol{g}_1,\boldsymbol{g}_2,\boldsymbol{g}_3,\cdots,\boldsymbol{g}_m$，定义李乘积递归的长度为

$$l\{\boldsymbol{g}_i\}=1,i=1,2,\cdots,m$$

$$l\{[\boldsymbol{A},\boldsymbol{B}]\}=l[\boldsymbol{A}]+l[\boldsymbol{B}]$$

$\boldsymbol{A}$ 和 $\boldsymbol{B}$ 是自身的李乘积，$l[\boldsymbol{A}]$ 描述的是基础向量场的数量。如果存在整数 k，使所有长度大于 k 的李乘积为零，则李代数或基就是幂零的。整数 k 被称为幂零的阶[17]。因为所有高阶李括号在高于特定阶时为零，所以可以应用幂零原则消除繁琐的计算。

根据上面提到的定义和条件，可知李代数 $L\{\boldsymbol{g}_1,\boldsymbol{g}_2,\boldsymbol{g}_3,\boldsymbol{g}_4\}$ 是阶数为 2($k=2$)的幂零代数，向量场 $\boldsymbol{g}_1,\boldsymbol{g}_2,\boldsymbol{g}_3,\boldsymbol{g}_4$ 是幂零基。因此，所有阶数超过 2 的李括号均为零。从四个基础向量场计算得到的唯一独立李括号是 $[\boldsymbol{g}_1,\boldsymbol{g}_3]$ 和 $[\boldsymbol{g}_1,\boldsymbol{g}_4]$。因此对于该系统，李代数的秩变为

$$\mathrm{rank}[\boldsymbol{C}_c]=6$$

或是

$$\mathrm{rank}[\boldsymbol{g}_1,\boldsymbol{g}_2,\boldsymbol{g}_3,\boldsymbol{g}_4,[\boldsymbol{g}_1,\boldsymbol{g}_3][\boldsymbol{g}_1,\boldsymbol{g}_4]]=6 \tag{3.15}$$

其中 $[\boldsymbol{g}_1,\boldsymbol{g}_3]$ 和 $[\boldsymbol{g}_1,\boldsymbol{g}_4]$ 是从四个矢量场 $[\boldsymbol{g}_1,\boldsymbol{g}_2,\boldsymbol{g}_3,\boldsymbol{g}_4]$ 中计算得到的两个独立的李括号，每个李括号均遵循下面的定义：

$$[\boldsymbol{g},\boldsymbol{h}](x)=\frac{\partial \boldsymbol{h}}{\partial x}\boldsymbol{g}-\frac{\partial \boldsymbol{g}}{\partial x}\boldsymbol{h} \tag{3.16}$$

因此有

$$\begin{aligned}[\boldsymbol{g}_1,\boldsymbol{g}_3](x)&=\frac{\partial \boldsymbol{g}_3}{\partial x}\boldsymbol{g}_1-\frac{\partial \boldsymbol{g}_1}{\partial x}\boldsymbol{g}_3\\&=[\cos\psi\sin\theta\cos\phi+\sin\psi\sin\phi\quad \sin\psi\sin\theta\cos\phi-\cos\psi\sin\phi\quad\cdots\\&\qquad\cos\theta\cos\phi\quad 0\quad 0\quad 0]^{\mathrm{T}}\end{aligned}$$

$$\begin{aligned}[\boldsymbol{g}_1,\boldsymbol{g}_4](x)&=\frac{\partial \boldsymbol{g}_4}{\partial x}\boldsymbol{g}_1-\frac{\partial \boldsymbol{g}_1}{\partial x}\boldsymbol{g}_4\\&=[-\cos\psi\sin\theta\cos\phi+\sin\psi\sin\phi\quad -\sin\psi\sin\theta\cos\phi-\cos\psi\sin\phi\quad\cdots\\&\qquad-\cos\theta\cos\phi\quad 0\quad 0\quad 0]^{\mathrm{T}}\end{aligned}$$

利用上述李括号表达式，可控性矩阵 $\boldsymbol{C}_c$ 表示为

$$C_c=\begin{bmatrix} \cos\psi\cos\theta & 0 & 0 & 0 & \cos\psi\sin\theta\cos\phi+\sin\psi\sin\phi & -\cos\psi\sin\theta\sin\phi+\sin\psi\sin\phi \\ \sin\psi\cos\theta & 0 & 0 & 0 & \sin\psi\sin\theta\cos\phi-\cos\psi\sin\phi & -\sin\psi\sin\theta\sin\phi-\cos\psi\cos\phi \\ -\sin\theta & 0 & 0 & 0 & \cos\theta\cos\phi & -\cos\theta\sin\phi \\ 0 & 1 & \sin\phi\tan\theta & \cos\phi\tan\theta & 0 & 0 \\ 0 & 0 & \cos\phi & -\sin\phi & 0 & 0 \\ 0 & 0 & \sin\phi\sec\theta & \cos\phi\sec\theta & 0 & 0 \end{bmatrix}$$

可控性矩阵 $\boldsymbol{C}_c$ 有一个 6 阶的非零子式,因此只要 $\theta\neq\pi/2$($\pi/2$ 为系统奇点),则可控性矩阵是满秩的。因此只要避免取奇点,系统是局部可控的和全局可控的。

3.2.2 关于轨迹的可控性

对于非线性系统

$$\dot{\boldsymbol{q}}=\boldsymbol{G}(\boldsymbol{q})\boldsymbol{v}$$

令参考状态轨迹为 $\boldsymbol{q}_d(t)=[x_d(t),y_d(t),z_d(t),\phi_d(t),\psi_d(t)]^{\mathrm{T}}$,参考输入轨迹为 $\boldsymbol{v}_d(t)=[v_{d1}(t),v_{d2}(t),v_{d3}(t),v_{d4}(t)]^{\mathrm{T}}$,参考轨迹满足系统的非线性约束。

线性系统 $\dot{x}(t)=\boldsymbol{A}x(t)+\boldsymbol{B}u(t)$ 可控,意味着系统可以通过光滑状态反馈控制实现渐近稳定。因此,如果满足 $\mathrm{rank}[\boldsymbol{B},\boldsymbol{AB},\boldsymbol{A}^2\boldsymbol{B},\cdots,\boldsymbol{A}^{n-1}\boldsymbol{B}]=n$,则存在反馈增益

$$u(t)=k(x_d-x)$$

使得系统按期望轨迹 $x_d(t)$ 渐进稳定,即误差以指数方式趋于零。

上述条件对于非线性系统将不再适用。但是对于局部可达系统可以将系统在临近点 $x_d(t)$ 近似线性化,如果线性化的系统是可控的,则可以通过一个光滑反馈 $u(t)=kx_e$ 使得该非线性系统在 $x_d(t)$ 处局部稳定。

令与期望状态轨迹和输入轨迹相关的误差分别为 $q_e(t)=q(t)-q_d(t)$ 和 $v_e(t)=v(t)-v_d(t)$。在期望轨迹上将系统线性化,可得

$$\begin{aligned}\dot{q}(t)&=\dot{q}_d(t)+\dot{q}_e(t)\\&=\{\boldsymbol{G}(q_d+q_e,t)\}\{v_d(t)+v_e(t)\}\end{aligned}\tag{3.17}$$

在近似解 $q_d(t)$ 附近对 $\boldsymbol{G}(q,t)$ 进行泰勒级数展开,可得

$$\dot{q}(t)=\{\boldsymbol{G}(q_d,t)+(\partial\boldsymbol{G}(q)/\partial_q|_{q=q_d})q_e(t)+h.o.t.\}\{v_d(t)+v_e(t)\}$$

由于近似解满足式(3.16),可以得到

$$\dot{q}_e(t)=\{\partial\boldsymbol{G}(q)/\partial_q|_{q=q_d}q_e(t)\}v_d(t)+\boldsymbol{G}(q_d,t)v_e(t)$$

或

$$\dot{q}_e(t) = \boldsymbol{A}(t)q_e(t) + \boldsymbol{B}(t)v_e(t)$$

其中

$$\boldsymbol{A}(t) = \sum_{i=1}^{4} (\partial g_i/\partial_q |_{q=q_d}) v_{di}(t)$$

且

$$\boldsymbol{B}(t) = \boldsymbol{G}(q_d, t) \tag{3.18}$$

通过计算可得

$$\boldsymbol{A}(t) = \begin{bmatrix} \boldsymbol{0}_{3\times3} & \boldsymbol{A}_1(t) \\ \boldsymbol{0}_{3\times3} & \boldsymbol{A}_2(t) \end{bmatrix}$$

其中

$$A_1(t) = \begin{bmatrix} 0 & -\cos\psi_d\sin\theta_d v_{d1}(t) & -\sin\psi_d\cos\theta_d v_{d1}(t) \\ 0 & -\sin\psi_d\sin\theta_d v_{d1}(t) & \cos\psi_d\cos\theta_d v_{d1}(t) \\ 0 & \cos\theta_d v_{d1}(t) & 0 \end{bmatrix}$$

$$A_2(t) = \begin{bmatrix} \cos\phi_d\tan\theta_d v_{d3}(t) - \sin\phi_d\tan\theta_d v_{d4}(t) & \sin\phi_d\sec^2\theta_d v_{d3}(t) + \cos\phi_d\sec^2\theta_d v_{d4}(t) & 0 \\ -\sin\phi_d v_{d3}(t) - \cos\phi_d v_{d4}(t) & 0 & 0 \\ -\cos\phi_d\sec\theta_d v_{d3}(t) - \sin\phi_d\sec\theta_d v_{d4}(t) & \sin\phi_d\sec\theta_d v_{d3}(t) + \cos\phi_d\sec\theta_d\tan\theta_d v_{d4}(t) & 0 \end{bmatrix}$$

并且

$$\boldsymbol{B}(t) = \begin{bmatrix} \boldsymbol{J}_1(t) & \boldsymbol{0}_{3\times3} \\ \boldsymbol{0}_{3\times1} & \boldsymbol{J}_2(t) \end{bmatrix}$$

同时

$$\boldsymbol{J}_1(t) = \begin{bmatrix} \cos\psi_d\cos\theta_d \\ \sin\psi_d\cos\theta_d \\ -\sin\theta_d \end{bmatrix}$$

$$\boldsymbol{J}_2(t) = \begin{bmatrix} 1 & \sin\phi_d\tan\theta_d & \cos\phi_d\tan\theta_d \\ 0 & \cos\phi_d & -\sin\phi_d \\ 0 & \sin\phi_d\sec\theta_d & \cos\phi_d\sec\theta_d \end{bmatrix}$$

上述系统是线性时变系统，但是对于线性参考轨迹，在恒速状态 $v_{di}(t)=v_{dn}$ 和 $q_d(0)=q(0)$ 条件下，可控条件变为

$$\operatorname{rank}[\boldsymbol{B},\boldsymbol{AB},\boldsymbol{A}^2\boldsymbol{B},\boldsymbol{A}^3\boldsymbol{B},\boldsymbol{A}^4\boldsymbol{B},\boldsymbol{A}^5\boldsymbol{B}]=6$$

从上面的计算可以看出，只要满足 $v_{d1}=v_{d3}=v_{d4}\neq 4$，$\theta_d\neq\pi/2$，上述矩阵就有一个6阶的非零子式。因此，只要轨迹没有汇聚到一点，线性化系统沿着参考轨迹是可控的。

3.3 链式模型

文献[18]中首次提出了链式系统模型，但它介绍的链式模型只包含一个链，也就是两输入的链式模型。文献[19]、[20]中介绍了将多输入无漂移的非完整系统转换为链式模型的方法，给出了多个链的链式模型。文献[19]中提出的转化方法与文献[14]中介绍的通过状态反馈得到的无漂移非线性系统精确线性化的方法相似。通过一些变换可以将此方法应用于系统中。

系统

$$\dot{\boldsymbol{q}}(t)=g_1(\boldsymbol{q})v_1+g_2(\boldsymbol{q})v_2+g_3(\boldsymbol{q})v_3+g_4(\boldsymbol{q})v_4$$

可以通过反馈变换变成链式模型。其中，g_i 是光滑且线性无关的向量场。存在反馈变换 $(\xi,\alpha,\boldsymbol{\eta},\gamma)=\boldsymbol{\phi}(\boldsymbol{q})$ 和 $v=\boldsymbol{\beta}(q)$，可将系统转换为下列链式形式[21]：

$$\begin{cases}\dot{\xi}=u_1,\dot{\alpha}_0=u_2,\dot{\boldsymbol{\eta}}_0=u_3,\dot{\gamma}_0=u_3\\ \dot{\alpha}_1=\alpha_0u_1,\dot{\boldsymbol{\eta}}_1=\boldsymbol{\eta}_0u_1\end{cases}\tag{3.19}$$

分布 $\Delta_0=\operatorname{span}(g_1,g_2,g_3,g_4)$ 存在四个基函数 f_1,f_2,f_3,f_4，其结构为

$$\begin{cases}f_1=\dfrac{\partial}{\partial q_1}+\displaystyle\sum_{i=2}^{6}f_1^i(q)\dfrac{\partial}{\partial q_i}\\ f_2=\displaystyle\sum_{i=2}^{6}f_2^i(q)\dfrac{\partial}{\partial q_i}\\ f_3=\displaystyle\sum_{i=2}^{6}f_3^i(q)\dfrac{\partial}{\partial q_i}\\ f_4=\displaystyle\sum_{i=2}^{6}f_4^i(q)\dfrac{\partial}{\partial q_i}\end{cases}\tag{3.20}$$

基函数的选择要使得如下分布

$$\boldsymbol{G}_0=\operatorname{span}(f_2,f_3,f_4)$$

$$G_1 = \mathrm{span}(f_2, f_3, f_4, [f_1, f_2], [f_1, f_3], [f_1, f_4])$$

$$\cdots$$

$$G_5 = \mathrm{span}(ad_{f_1}^i f_2, ad_{f_1}^i f_3, ad_{f_1}^i f_4);0 \leqslant i \leqslant 5$$

其中

$$ad_{f_1}^i f_2 := [f_1, ad_{f_1}^{k-1} f_2] \text{ 且 } ad_{f_1}^0 f_2 := f_2$$

在开集 $\boldsymbol{U} \in \boldsymbol{R}^n$ 中有维数恒定,并且 $\boldsymbol{G}_5$ 的维数为5。

f_1, f_2, f_3 和 f_4 满足下述条件:

$$\begin{cases} f_1 = \dfrac{g_1}{\cos\psi\cos\theta} = [1 \quad \tan\psi \quad -\tan\theta\sec\psi \quad 0 \quad 0 \quad 0]^{\mathrm{T}} \\ f_2 = g_2, f_3 = g_3, f_4 = g_4 \end{cases} \tag{3.21}$$

因此系统的坐标转换为

$$\begin{cases} \xi_0 = h_1, \alpha_0 = L_{f_1}^1 h_2, \eta_0 = L_{f_1}^0 h_3, \gamma_0 = h_4 \\ \alpha_1 = L_{f_1}^0 h_2, \eta_1 = h_3 \end{cases} \tag{3.22}$$

其中 h_1, h_2, h_3, h_4 是光滑函数,满足以下条件:

$$\mathrm{d}h_1 \perp \boldsymbol{G}_j;0 \leqslant j \leqslant 5$$

$\mathrm{d}h_1, \mathrm{d}h_2, \mathrm{d}L_{f_1}^0 h_2, \mathrm{d}L_{f_1}^1 h_2, \mathrm{d}h_3, \mathrm{d}L_{f_1}^0 h_3, \mathrm{d}L_{f_1}^1 h_3$ 和 $\mathrm{d}h_4$ 为分布 $\boldsymbol{G}_0$ 的奇点,其中 $L_{f_1} h_3$ 是 h_3 相对于 f_1 的李导数,上述证明的详细推导可参考文献[19]。需要注意的是,函数 h_1, h_2, h_3, h_4 的选择不是唯一的。可选择

$$h_1 = x, h_2 = y, h_3 = z$$

$$h_4 = \frac{1}{1 + \mathrm{trace}(\boldsymbol{R})}(r_{32} - r_{23})$$

其中,$\boldsymbol{R}$ 是旋转矩阵,$\mathrm{trace}(\boldsymbol{R}) = (r_{11} + r_{22} + r_{33})$,因此系统的坐标变换为

$$\begin{cases} x_1 = \xi_0 = x \\ x_2 = \alpha_0 = \tan\psi \\ x_3 = \alpha_1 = y \\ x_4 = \eta_0 = -\tan\theta\sec\psi \\ x_5 = z \\ x_6 = \dfrac{1}{1 + \mathrm{tr}(\boldsymbol{R})}(r_{32} - r_{23}) \end{cases} \tag{3.23}$$

可得如下链式系统:

$$\begin{cases}\dot{x}_1 = u_1 \\ \dot{x}_2 = u_2 \\ \dot{x}_3 = x_2 u_1 \\ \dot{x}_4 = u_3 \\ \dot{x}_5 = x_4 u_1 \\ \dot{x}_6 = u_4\end{cases} \tag{3.24}$$

解式(3.23)和式(3.24),并代入到式(2.8),则输入可以转换为

$$u_1 = \dot{x}_1$$
$$u_2 = \dot{x}_2$$
$$u_3 = \dot{x}_4$$
$$u_4 = \dot{x}_6$$

或表示为

$$\begin{cases}u_1 = \cos\psi\cos\theta v_1 \\ u_2 = \sec^2\psi\sin\phi\sec c\theta v_3 + \sec^2\psi\cos\phi\sec\theta v_4 \\ u_3 = \dfrac{(-\sin\psi\sin\phi\sin\theta - \cos\psi\cos\phi)}{\cos^2\psi\cos^2\theta}v_3 - \dfrac{(-\sin\psi\cos\phi\sin\theta - \cos\psi\sin\phi)}{\cos^2\psi\cos^2\theta}v_4 \\ u_4 = \dfrac{(1+\cos\psi\cos\theta)v_2 + (\cos\psi\sin\theta\sin\phi - \sin\psi\cos\phi)v_3 + (\sin\psi\sin\theta\cos\phi + \sin\psi\sin\phi)v_4}{1+\cos\psi\cos\theta + \sin\psi\sin\theta\sin\phi + \cos\psi\cos\phi + \cos\theta\cos\phi}\end{cases} \tag{3.25}$$

其中

$$v_x = v_1 = u_1/\cos\psi\cos\theta$$

$$\boldsymbol{\omega}_y = v_3 = \cos\psi\cos\theta\{(\cos\psi\sin\phi - \sin\psi\sin\theta\cos\phi)u_2 - (\cos\phi\cos\theta)u_3\}$$

$$\boldsymbol{\omega}_y = v_4 = \cos\psi\cos\theta\{(\sin\psi\sin\theta\sin\phi + \cos\psi\cos\phi)u_2 - (\text{sins}\phi\cos\theta)u_3\}$$

$$\boldsymbol{\omega}_x = y_2 = \frac{1}{\cos\psi\cos\theta}[(1+\cos\psi\cos\theta + \sin\psi\sin\theta\sin\phi + \cos\psi\cos\phi + \cos\theta\cos\phi)u_4 - (\cos\psi s\theta\sin\phi - \sin\psi\cos\phi)v_3 - (\sin\psi\sin\theta\sin\phi + \sin\psi sin\phi)v_4]$$

如果 $\cos\psi\cos\theta \neq 0$,则输入 v_1, v_2, v_3, v_4 可由上式计算得到。此外因为系统的可控性不受状态反馈和坐标转换的影响,因此链式系统是完全可控的,链式模型可表示成

$$\dot{x}_1 = x_1^0 = u_1$$
$$\dot{x}_2 = x_2^0 = u_2$$
$$\dot{x}_4 = \dot{x}_3^0 = u_3$$

$$\dot{x}_6 = x_4^0 = u_4$$

$$\dot{x}_3 = x_{20}^0 = x_2 u_1$$

$$\dot{x}_5 = x_{31}^0 = x_4 u_1$$

这种形式可用于控制设计,这将在下一章中讨论。

第4章　基于运动学模型的控制设计

本章将设计可用于航行器跟踪期望轨迹的控制器,并实现系统的点镇定;运用系统的运动学模型提出系统的反馈控制设计,用前文所述的不同运动方案来评估不同方法设计的控制器的性能,并给出仿真结果。

4.1　轨迹跟踪和链式控制器设计

轨迹跟踪时,要求系统调节航行器相对于参考系统的位置和方向,跟踪给定的笛卡儿轨迹,这个轨迹是随时间 t 变化的函数。使用如下反馈控制可实现上述目的:

(1) 使用近似线性化的全状态反馈;

(2) 使用输入输出或全状态的非线性系统的反馈线性化。

在设计反馈之前,对于原始系统和链式系统应讨论其期望的输出轨迹。

4.2　参考轨迹的生成

令参考状态轨迹为 $\boldsymbol{q}_d(t)=[x_d(t),y_d(t),z_d(t),\phi_d(t),\theta_d(t),\psi_d(t)]^{\mathrm{T}}$,并令输入参考轨迹为 $\boldsymbol{v}_d(t)=[v_{d1}(t),v_{d2}(t),v_{d3}(t),v_{d4}(t)]^{\mathrm{T}}$。只有系统满足非完整约束时期望轨迹才可实现。假设可实现的链式光滑期望输出轨迹为 $\boldsymbol{v}_d(t)=[v_{d1}(t),v_{d3}(t),v_{d5}(t),v_{d6}(t)]^{\mathrm{T}}$,那么从这些信息中可以推导出状态轨迹和相关输入轨迹坐标对时间的变化规律,即能够从参考输出轨迹中恢复状态轨迹和输入轨迹。由式(3.24)可得

$$\begin{cases}\dot{x}_{d1}(t) = u_{d1}(t) \\ \dot{x}_{d2}(t) = u_{d2}(t) \\ \dot{x}_{d3}(t) = x_{d2}(t)u_{d1}(t) \\ \dot{x}_{d4}(t) = u_{d3}(t) \\ \dot{x}_{d5}(t) = x_{d4}(t)u_{d1}(t) \\ \dot{x}_{d6}(t) = u_{d4}(t)\end{cases} \tag{4.1}$$

在 $t=t_0$ 时刻的初始状态为 $[x_{d1}(t_0), x_{d2}(t_0), x_{d3}(t_0), x_{d4}(t_0), x_{d5}(t_0), x_{d6}(t_0)]^{\mathrm{T}}$。由式(4.1)可解得状态轨迹为

$$\begin{cases}x_{d2}(t) = \dot{x}_{d3}(t)/\dot{x}_{d1}(t) \\ x_{d4}(t) = \dot{x}_{d5}(t)/\dot{x}_{d1}(t)\end{cases} \tag{4.2}$$

相应的输入轨迹为

$$\begin{cases}u_{d1}(t) = \dot{x}_{d1}(t) \\ u_{d2}(t) = \dot{x}_{d2}(t) = (\dot{x}_{d1}(t)\ddot{x}_{d3}(t) - \dot{x}_{d3}(t)\ddot{x}_{d1}(t))/\dot{x}_{d1}^2(t) \\ u_{d3}(t) = \dot{x}_{d4}(t) = (\dot{x}_{d1}(t)\ddot{x}_{d5}(t) - \dot{x}_{d5}(t)\ddot{x}_{d1}(t))/\dot{x}_{d1}^2(t) \\ u_{d4}(t) = \dot{x}_{d6}(t)\end{cases} \tag{4.3}$$

式(4.2)和式(4.3)表明从期望的输出轨迹中可生成唯一的状态轨迹和输入轨迹,并且状态轨迹和输入轨迹的值取决于输出轨迹及其二阶导数。因此,输出轨迹应该是处处可微的。获得的参考输入和状态轨迹可以产生期望的输出轨迹,其也可以从原始系统中得出。原始状态和输入轨迹可以从输出轨迹中推出,为

$$\begin{cases}x_d(t) = x_{d1}(t) \\ y_d(t) = x_{d3}(t) \\ z_d(t) = x_{d5}(t) \\ \psi_d(t) = \arctan(x_{d2}(t)) = \arctan(\dot{y}_d(t)/\dot{x}_d(t)) \\ \theta_d(t) = -\arctan(x_{d4}(t)\cos\psi_d(t)) = -\arctan(\dot{z}_d(t)\cos\psi_d(t)/\dot{x}_d(t)) \\ \phi_d(t) = \operatorname{arccot}(\cot\theta_d(t)/\sin\psi_d(t) + \tan\psi_d(t)/\sin\theta_d(t))\end{cases} \tag{4.4}$$

同样,实际的输入轨迹为

$$
\begin{cases}
v_{d1}(t) = \sqrt{\dot{x}_d^2 + \dot{y}_d^2 + \dot{z}_d^2} = u_{d1}(t)/r_{d11}(t) \\
v_{d2}(t) = \dfrac{1}{1 + r_{d11}(t)}((1 + r_{d11}(t) + r_{d22}(t) + r_{d33}(t))u_{d4}(t) - r_{d12}(t)v_{d3}(t) - r_{d13}(t)v_{d4}(t)) \\
v_{d3}(t) = -r_{d11}(t)(r_{d23}(t)u_{d2}(t) + r_{d33}(t)u_{d3}(t)) \\
v_{d4}(t) = r_{d11}(t)(r_{d22}(t)u_{d2}(t) + r_{d32}(t)u_{d3}(t))
\end{cases}
\tag{4.5}
$$

其中

$$
\begin{cases}
r_{d11} = \cos\theta_d\cos\psi_d \\
r_{d12} = \sin\theta_d\sin\phi_d\cos\psi_d - \cos\phi_d\sin\psi_d \\
r_{d13} = \sin\theta_d\cos\phi_d\cos\psi_d + \sin\phi_d\sin\psi_d \\
r_{d21} = \cos\theta_d\sin\psi_d \\
r_{d22} = \sin\theta_d\sin\phi_d\cos\psi_d + \cos\phi_d\cos\psi_d \\
r_{d23} = \sin\theta_d\cos\phi_d\sin\psi_d - \sin\phi_d\cos\psi_d \\
r_{d31} = -\sin\phi_d \\
r_{d32} = \sin\phi_d\cos\theta_d \\
r_{d33} = \cos\phi_d\cos\theta_d
\end{cases}
\tag{4.6}
$$

为了模拟跟踪轨迹,设参考正弦输出轨迹为

$$
\begin{aligned}
x_{d1}(t) &= t \\
x_{d3}(t) &= A\sin\omega t \\
x_{d5}(t) &= 1 \\
x_{d6}(t) &= 0
\end{aligned}
\tag{4.7}
$$

状态轨迹为

$$
\begin{aligned}
x_{d2}(t) &= A\sin\omega t \\
x_{d4} &= 0
\end{aligned}
\tag{4.8}
$$

输入轨迹为

$$
u_{d1}(t) = 1
$$

$$
u_{d2}(t) = -A\omega^2\sin\omega t
$$

$$u_{d3}(t) = 0$$

$$u_{d3}(t) = 0 \tag{4.9}$$

初始状态为

$$\begin{cases} x_{d1}(0) = 0, x_{d2}(0) = A\omega \\ x_{d3}(0) = 0 \\ x_{d4}(0) = 0 \\ x_{d5}(0) = 1,\ x_{d6}(0) = 0 \end{cases} \tag{4.10}$$

由于状态轨迹和输入轨迹在这一点上没有定义,因此 $\dot{x}_{d1}(t)=0$ 或 $u_{d1}(t) = 0$ 为状态轨迹和输入轨迹的奇点。

4.3 近似线性化控制

用于轨迹跟踪的反馈控制器是基于标准线性控制理论设计的,设计使用期望轨迹的近似线性化方程,导出如前所述的时变系统。这里的方法是将期望轨迹改写成链式方程的形式。链式系统是分段定常输入条件下的线性系统。对于链式系统,期望的状态和输入轨迹可从相应的参考笛卡儿轨迹中计算得出:

$$\boldsymbol{x}_d(t) = \{x_{d1}(t), x_{d2}(t), x_{d3}(t), x_{d4}(t), x_{d5}(t), x_{d6}(t)\}$$

并且

$$\boldsymbol{u}_d(t) = \{u_{d1}(t), u_{d2}(t), u_{d3}(t), u_{d4}(t)\} \tag{4.11}$$

确定跟踪轨迹的一种等效方法需要知道实际配置和期望配置在零点附近的差值,这个差值记为误差。因为航行器的实际初始条件和期望系统不一定相同,因此应该设计跟踪控制器使误差趋于零,并且在收敛过程中使干扰的影响最小。

为了使系统跟踪轨迹,使误差随时间趋于零,记状态和输入的误差变量为

$$\begin{cases} \boldsymbol{x}_e = \boldsymbol{x} - \boldsymbol{x}_d \\ \boldsymbol{u}_e = \boldsymbol{u} - \boldsymbol{u}_d \end{cases} \tag{4.12}$$

误差微分方程等于系统的实际方程减去期望方程,可表示成如下非线性方程组:

$$
\begin{cases}
\dot{x}_{e1} = u_{e1} \\
\dot{x}_{e2} = u_{e2} \\
\dot{x}_{e3} = x_2 u_1 - x_{d2} u_{d1} \\
\dot{x}_{e4} = u_{e3} \\
\dot{x}_{e5} = x_4 u_1 - x_{d4} u_{d1} \\
\dot{x}_{e6} = u_{e4}
\end{cases}
\tag{4.13}
$$

现对期望轨迹进行线性化处理,可以得到线性系统如下所示:

$$
\dot{\boldsymbol{x}}_e(t) = \boldsymbol{A}(t)\boldsymbol{x}_e(t) + \boldsymbol{B}(t)\boldsymbol{u}_e(t) \tag{4.14}
$$

其中

$$
\boldsymbol{A}(t) = \begin{bmatrix}
0 & 0 & 0 & 0 & 0 & 0 \\
0 & 0 & 0 & 0 & 0 & 0 \\
0 & u_{d1}(t) & 0 & 0 & 0 & 0 \\
0 & 0 & 0 & u_{d1}(t) & 0 & 0 \\
0 & 0 & 0 & 0 & 0 & 0 \\
0 & 0 & 0 & 0 & 0 & 0
\end{bmatrix}
$$

$$
\boldsymbol{B}(t) = \begin{bmatrix}
1 & 0 & 0 & 0 \\
0 & 1 & 0 & 0 \\
x_{d2}(t) & 0 & 0 & 0 \\
0 & 0 & 1 & 0 \\
x_{d4}(t) & 0 & 0 & 0 \\
0 & 0 & 0 & 1
\end{bmatrix}
$$

由式(4.14)可知,该系统是线性时变的,因其格拉姆矩阵是非奇异的[21],故可以很容易证明其具有可控性。对于具有常值输入 $u_{d1}(t) = u_{d1}$ 的线性轨迹,其可控性条件为

$$
\operatorname{rank}\{\boldsymbol{B}, \boldsymbol{AB}, \boldsymbol{A}^2\boldsymbol{B}, \boldsymbol{A}^3\boldsymbol{B}, \boldsymbol{A}^4\boldsymbol{B}, \boldsymbol{A}^5\boldsymbol{B}\} = 6 \tag{4.15}
$$

式(4.15)中的矩阵是一个非奇异矩阵,并至少有一个六阶的非零子式。当且仅当系统输入 u_{d1} 非零,可控性矩阵才是非奇异的,即 $u_{d1} = 0$ 相当于系统运动学模型的奇点。因此,只要 $u_{d1} \neq 0$ 该系统就是可控的。选择系统的线性时变反馈控制器为

$$
\boldsymbol{u}_e = -\boldsymbol{K}\boldsymbol{x}_e \tag{4.16}
$$

对于链式系统,其反馈控制应该满足:对每条链来说,反馈中所包含项的数目与链中包含状态的数目是相同的。因此

$$\begin{cases} u_{e1} = -k_1 x_{e1} \\ u_{e2} = -k_2 x_{e2} - \dfrac{k_3}{u_{d1}} x_{e3} \\ u_{32} = -k_4 x_{e4} - \dfrac{k_5}{u_{d1}} x_{e5} \\ u_{e4} = -k_6 x_{e6} \end{cases} \tag{4.17}$$

反馈系数 k_3 和 k_5 分别除以 u_{d1},这样闭环系统矩阵的特征方程将不包含 u_{d1},从而使设计全局化。因此,矩阵 $\boldsymbol{k}$ 为

$$\boldsymbol{k} = \begin{bmatrix} k_1 & 0 & 0 & 0 & 0 & 0 \\ 0 & k_2 & k_3/u_{d1} & 0 & 0 & 0 \\ 0 & 0 & 0 & k_4 & k_5/u_{d1} & 0 \\ 0 & 0 & 0 & 0 & 0 & k_6 \end{bmatrix} \tag{4.18}$$

$k's$ 中选取的 k_1 和 k_6 为正值,且 k_2, k_3, k_4 和 k_5 可使 $\lambda^2 + k_2\lambda + k_3$ 和 $\lambda^2 + k_4\lambda + k_5$ 满足赫尔维茨定理。因此闭环系统矩阵为

$$\begin{aligned} \boldsymbol{A}_{cl} &= \boldsymbol{A} - \boldsymbol{BK} \\ &= \begin{bmatrix} k_1 & 0 & 0 & 0 & 0 & 0 \\ 0 & -k_2 & -k_3/u_{d1} & 0 & 0 & 0 \\ x_{d2}k_1 & u_{d1} & 0 & 0 & 0 & 0 \\ 0 & 0 & 0 & -k_4 & -k_5/u_{d1} & 0 \\ x_{d4}k_1 & 0 & 0 & u_{d1} & 0 & 0 \\ 0 & 0 & 0 & 0 & 0 & k_6 \end{bmatrix} \end{aligned} \tag{4.19}$$

闭环系统矩阵的特征值是恒定的且具有负实部,但这并不能保证闭环时变系统渐近稳定[26]。然而,如果取 $u_{d1}(t)$ 远离零点,并令 $u_{d2}(t)$、$u_{d3}(t)$ 和 $u_{d4}(t)$ 都等于1,就可以用缓慢时变线性系统的理论证明其渐近稳定性。反馈矩阵可通过极点配置的方法得到。如果系统稳定,则闭环矩阵的特征值应具有负实部,系统的特征方程应满足下列条件:

$$\det(s\boldsymbol{I} - \boldsymbol{A}_{cl}) = (s - p_1)(s - p_2)(s - p_3)(s - p_4)(s - p_5)(s - p_6)$$

其中 $p_i(i=1,2,\cdots,6)$ 是系统的特征值。由此在式(4.17)的反馈条件下,

闭环系统是可控的。

4.3.1 控制器仿真

选择如下正弦轨迹：

$$x_d(t) = t$$
$$y_d(t) = a\sin\omega t$$
$$z_d(t) = t$$

链式系统中状态和输入的期望值为

$$x_{d1}(t) = t$$
$$x_{d2}(t) = a\omega\sin\omega t$$
$$x_{d3}(t) = a\sin\omega t$$
$$x_{d4}(t) = 0$$
$$x_{d5}(t) = 1$$
$$x_{d6}(t) = 0$$
$$u_{d1}(t) = 1$$
$$u_{d2}(t) = -a\omega^2\sin\omega t$$
$$u_{d3}(t) = 0$$
$$u_{d4}(t) = 0$$

状态的初始条件为

$$x_{d1}(0) = 1 \quad x_{d2}(0) = a\omega$$
$$x_{d3}(0) = 2 \quad x_{d4}(0) = 0$$
$$x_{d5}(0) = 3 \quad x_{d6}(0) = 0$$

设置系统的六个闭环极点均为 -2，即

$$p_1 = p_2 = p_3 = p_4 = p_5 = p_6 = -2$$

则可以得到反馈矩阵系数为

$$k_1 = k_6 = 2$$
$$k_2 = k_3 = k_4 = k_5 = 4$$

令 $a=1$ 和 $\omega=\pi$，进行仿真。仿真结果显示了链式系统状态、输入与实际系统状态、输入间的跟踪误差。一旦跟踪误差为零，从链式变量和输入中获取的实际控制输入与计算的期望输入相同，这个期望输入通过式(4.5)可以从实际系统变量中计算求出。由于控制系统设计是基于系统线性化的，所以控制器可使被控系统局部渐近稳定。仿真结果如图 4.1 ~ 图 4.12 所示。

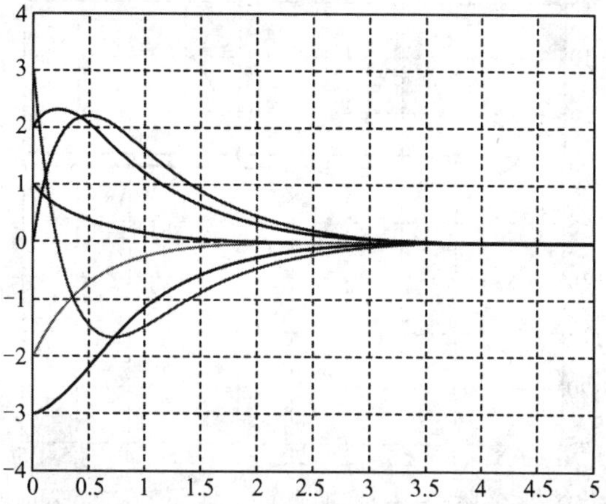

图 4.1　近似线性化结果:链式变量随时间(s)的跟踪误差曲线

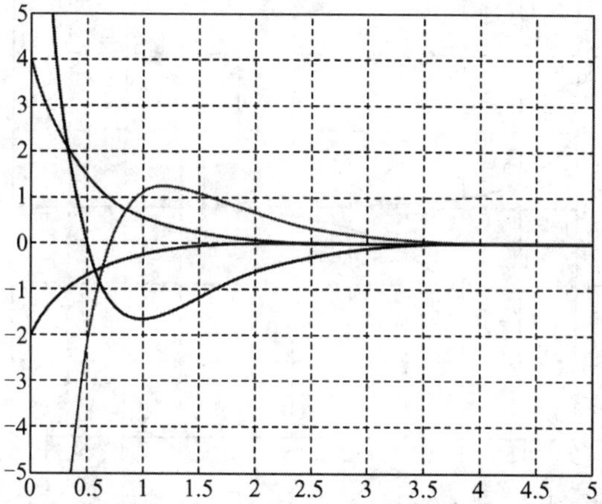

图 4.2　近似线性化结果:链式输入随时间(s)的跟踪误差(m/s)曲线

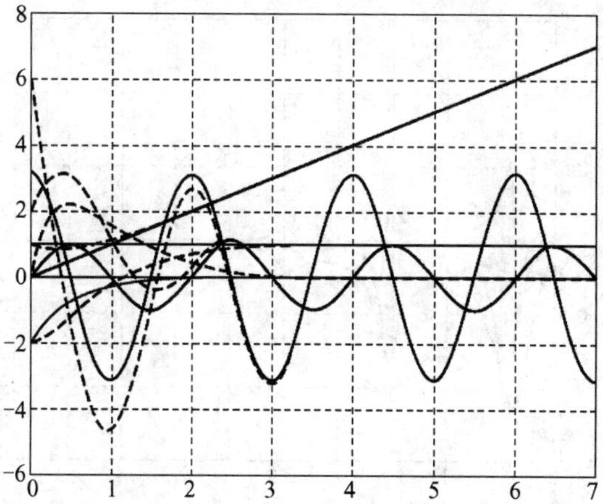

图 4.3　近似线性化结果:实际(- -)和期望(-)的链式变量随时间(s)的变化曲线

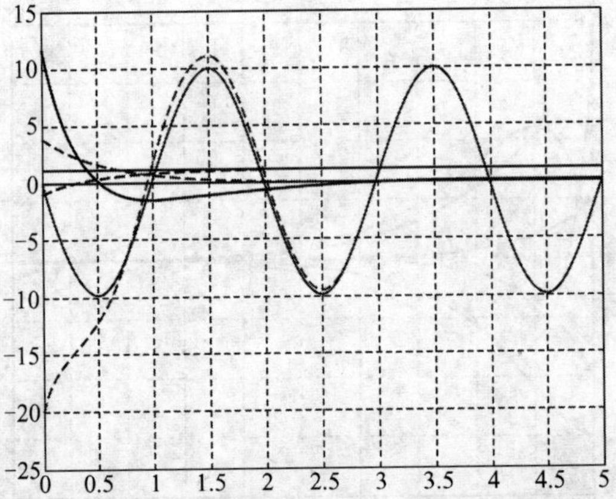

图 4.4　近似线性化结果:实际(- -)和期望的(-)的链式输入随时间(s)的变化曲线

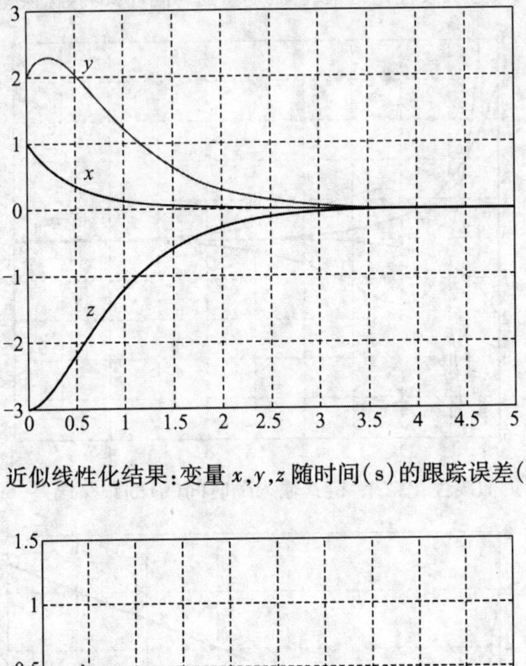

图 4.5　近似线性化结果:变量 x,y,z 随时间(s)的跟踪误差(m)曲线

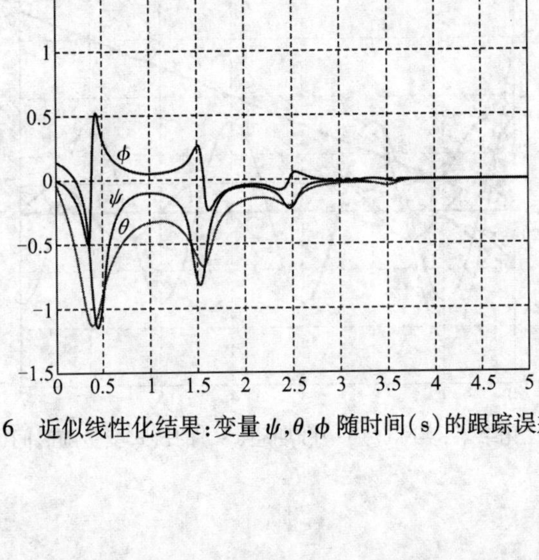

图 4.6　近似线性化结果:变量 ψ,θ,ϕ 随时间(s)的跟踪误差曲线

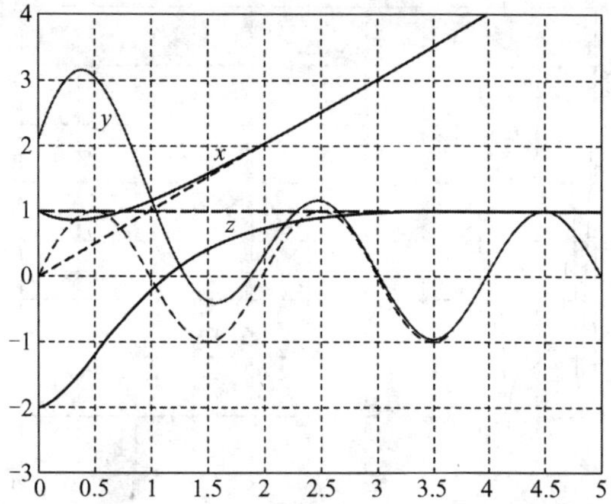

图 4.7　近似线性化结果：实际（- -）和期望（-）的原始变量 x,y,z 随时间（s）的变化曲线

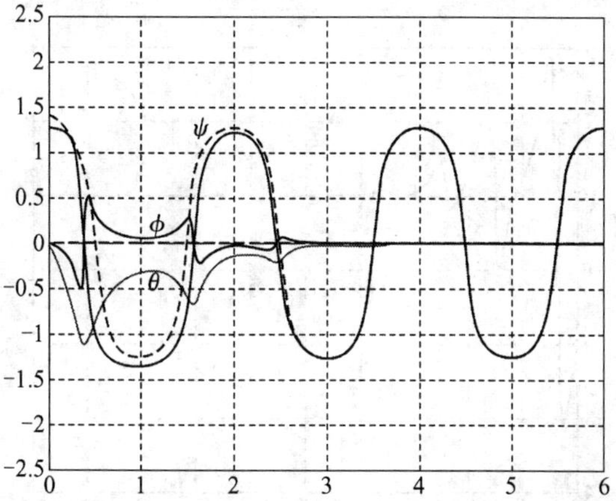

图 4.8　近似线性化结果：实际（- -）和期望（-）的原始变量 ψ,θ,ϕ 随时间（s）的变化曲线

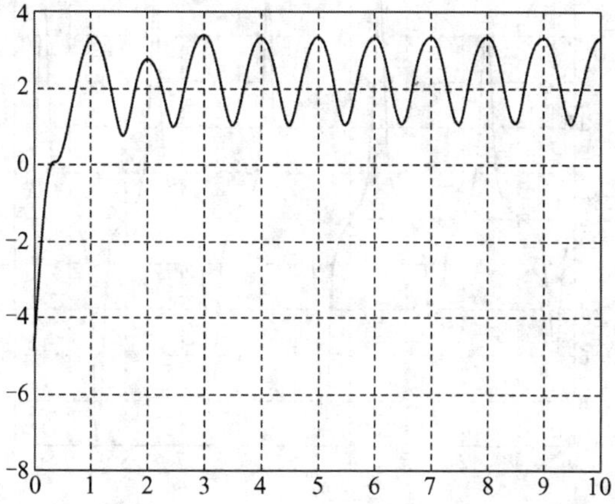

图 4.9　近似线性化结果：v_1（m/s）随时间（s）的变化曲线

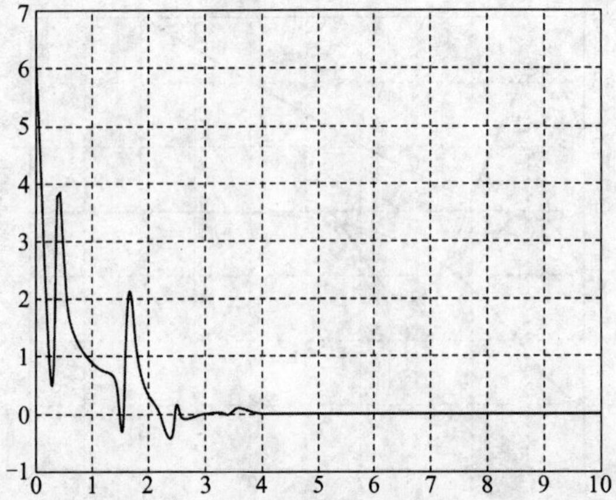

图 4.10　近似线性化结果：v_2（rad/s）随时间（s）的变化曲线

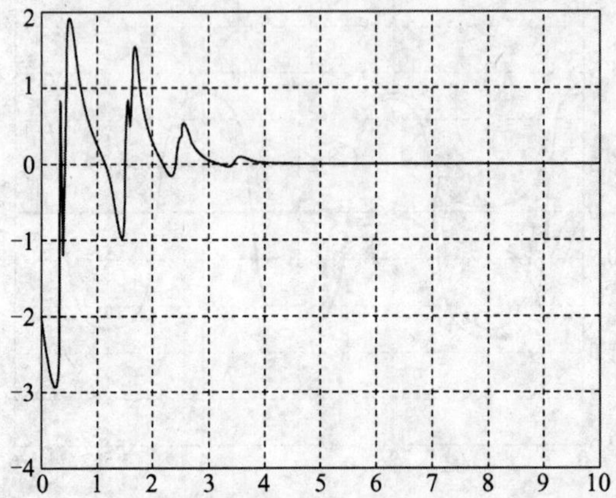

图 4.11　近似线性化结果：v_3（rad/s）随时间（s）的变化曲线

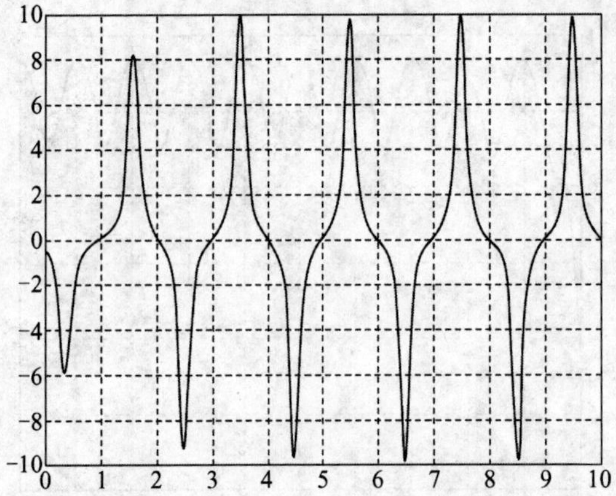

图 4.12　近似线性化结果：v_4（rad/s）随时间（s）的变化曲线

4.3.2 近似线性化的 MATLAB 程序代码

```
%%%%%%%%%%%%%%%%%%%%%%%%%%%%%%%%%%
% 近似线性化的运动学模型,主程序%
%%%%%%%%%%%%%%%%%%%%%%%%%%%%%%%%%%%
t=[0:0.01:10]';a=1;w=pi; xd=t; xddot=1;
yddot=a*w*cos(w*t); y2ddot=-a*w*w*sin(w*t);yd=a*sin(w*t);
den=(sqrt(xddot.*xddot+yddot.*yddot)).*(sqrt(xddot.*xddo t+yd-
dot.*yddot)).*(sqrt(xddot.*xddot+yddot.*yddot));
[t,x]=ode45('F',[t],[-2,1,0]);
[t,y]=ode45('F1',[t],[-1,a*w,0]);
  xe=-x(:,1)+xd; ye=-y(:,1)+yd;
theta=atan(y(:,2)./x(:,2)); thetad=atan(a*w*cos(w*t));thetae=the-
tad-theta;
x2=(x(:,2).*y(:,3)-x(:,3).*y(:,2))./(x(:,1).*x(:,1).*x(:,1));
phi=atan(cos(theta).*cos(theta).*cos(theta).*x2);
phid=atan((y2ddot.*xddot)./den); phie=phid-phi;
%%%%%%%%%%%%%%%%%%%%%%%%%%%%
% MATLAB 函数'F' 和 'F1'%
%%%%%%%%%%%%%%%%%%%%%%%%%%%%
function x P = F(t,x)
a=1; w=pi;
x P = zeros(3,1);
xp(1)=x(2);
xp(2)=x(3);
xp(3) = -15*x(3)-75*x(2)-125*x(1)+75+125*t;
function y P = F1(t,y)
a=1; w=pi;
y P = zeros(3,1);
yp(1)=y(2);
yp(2)=y(3);
yp(3) = -15*y(3)-75*y(2)-125*y(1)+75*a*w*cos(w*t)-
15*a*w*w*sin(w*t)- a*w*w*w*cos(w*t)+125*a*sin(w*t);
%%%%%%%%%%%%%%%%%%%%%%%%%%%%%%%%%%%%%%%%%
```

链式变量的跟踪误差计算

```
%%%%%%%%%%%%%%%%%%%%%%%%%%%%%%%%%%%%%%%%
%%% 原始系统%%%
A=[0 0 0 0 0 0;0 0 0 0 0 0;0 1 0 0 0 0; 0 0 0 0 0 0 ; 0
0 0 1 0 0;0 0 0 0 0 0];
B=[1 0 0 0;0 1 0 0 ;0 0 0 0;0 0 1 0; 0 0 0 0; 0 0 0 1];
% %% 极点位置%%%
s1=s2=s3=s4=s5=s6= -2; wn=2; qsi=1;
%%% 反馈系统%%%%
K=[2 0 0 0 0 0; 0 4 4 0 0 0; 0 0 0 4 4 0; 0 0 0 0 0 2];
Acl = A - B*K; C=zeros(6,6); D=zeros(6,4);
sys=ss(Acl,B,C,D);
% %% 链式误差变量的响应%%%
pi=22/7; a=1; w=pi; t=[0:0.01:9.999];
xe0=[0;a*w;0;0;1;0];
xe0=[1;a*w;2;0; -3; -2];
xef=[0;0;0;0;0;0];
ue1 = -K(1,1)*xef(1); ue2 = -K(2,2)*xef(2) -K(2,3)*xef(3);
ue3 = -K(3,4)*xef(4) -K(3,5)*xef(5); ue4 = -K(4,6)*xef(6);
ue=[ue1;ue2;ue3;ue4]; ue=ue*ones(1,1000); [y,t,x]=lsim(sys,ue,t,
xe0);
Figure (1);
plot(t,x(:,[1,3,5])),grid, title('Error in chained form
states 1,3,and 5:xe1(t),xe3(t),xe5(t)');
hold on;
plot(t,x(:,[2,4,6])),grid, title('Error in chained form
states 2,4,and 6:xe2(t),xe4(t),xe6(t)');
hold off;
%%%%%%%%%%%%%%%%%%%%%%%%%%%%%%%%%%%%%%
% 链式输入的跟踪误差计算%
%%%%%%%%%%%%%%%%%%%%%%%%%%%%%%%%%%%%%%
A=[0 0 0 0 0 0;0 0 0 0 0 0;0 1 0 0 0 0; 0 0 0 0 0 0 ; 0
0 0 1 0 0;0 0 0 0 0 0];
B=[1 0 0 0;0 1 0 0 ;0 0 0 0;0 0 1 0; 0 0 0 0; 0 0 0 1];
% %% 极点位置%%%
s1=s2=s3=s4=s5=s6= -2; wn=2; qsi=1;
```

```
%%% 反馈系统%%%%
K=[2 0 0 0 0 0; 0 4 4 0 0 0; 0 0 0 4 4 0; 0 0 0 0 0 2];
Acl = A - B*K; C=zeros(6,6); D=zeros(6,4);
sys=ss(Acl,B,C,D);
pi=22/7; a=1; w=pi; t=[0:0.01:9.999];
xe0=[0;a*w;0;0;1;0];
xe0=[1;a*w;2;0;-3;-2];
xef=[0;0;0;0;0;0];
ue1 = -K(1,1)*xef(1); ue2 = -K(2,2)*xef(2) -K(2,3)*xef(3);
ue3 = -K(3,4)*xef(4) -K(3,5)*xef(5); ue4 = -K(4,6)*xef(6);
ue=[ue1;ue2;ue3;ue4]; ue=ue*ones(1,1000);
[y,t,x]=lsim(sys,ue,t,xe0); xa=x';
%%% 链式输入误差的响应%%%
ur1 = -K(1,1)*xa(1,:);
ur2 = -K(2,2)*xa(2,:) -K(2,3)*xa(3,:);
ur3 = -K(3,4)*xa(4,:) -K(3,5)*xa(5,:);
ur4 = -K(4,6)*xa(6,:); ur=[ur1;ur2;ur3;ur4];
Plot (t,ur), grid, title('Error in inputs for chained
form vs time');
plot(t,ur(1,:),'g'),grid; hold on;
plot(t,ur(2,:),'c'),
plot(t,ur(3,:),'b'); plot(t,ur(4,:),'r'); hold off
%%%%%%%%%%%%%%%%%%%%%%%%%%
% 链式变量的实际结果和期望结果 %
%%%%%%%%%%%%%%%%%%%%%%%%%%%
%%% 反馈系统%%%%
K=[2 0 0 0 0 0; 0 4 4 0 0 0; 0 0 0 4 4 0; 0 0 0 0 0 2];
Acl = A - B*K; C=zeros(6,6); D=zeros(6,4);
sys=ss(Acl,B,C,D);
pi=22/7; a=1; w=pi; t=[0:0.01:9.999];
xe0=[0;a*w;0;0;1;0];
xe0=[1;a*w;2;0;-3;-2];
xef=[0;0;0;0;0;0];
ue1 = -K(1,1)*xef(1); ue2 = -K(2,2)*xef(2) -K(2,3)*xef(3);
ue3 = -K(3,4)*xef(4) -K(3,5)*xef(5); ue4 = -K(4,6)*xef(6);
```

```
ue=[ue1;ue2;ue3;ue4]; ue=ue*ones(1,1000);
[y,t,x]=lsim(sys,ue,t,xe0);
%%%链式实际变量和期望变量的响应%%%
xd1=t; xd2=a*w*cos(w*t); xd3=a*sin(w*t);
xd4=0*ones(1,1000); xd5=1*ones(1,1000);
xd6=0*ones(1,1000);
xd=[xd1';xd2';xd3';xd4;xd5;xd6];
xact=x'+xd;
Figure (3);
plot(t,xd); grid,title('Chained form desired states vs
time'); hold on;
plot(t,xact,'--'); grid,title('Chained form actual
states vs time,'); hold off;
%%%%%%%%%%%%%%%%%%%%%%%%%%%%%%%
%计算实际和期望的链式输入%
%%%%%%%%%%%%%%%%%%%%%%%%%%%%%%%
A=[0 0 0 0 0 0;0 0 0 0 0 0;0 1 0 0 0 0; 0 0 0 0 0 0 ; 0
0 0 1 0 0;0 0 0 0 0 0];
B=[1 0 0 0;0 1 0 0 ;0 0 0 0;0 0 1 0; 0 0 0 0; 0 0 0 1];
%%% 极点位置 %%%
s1=s2=s3=s4=s5=s6=-2; wn=2; qsi=1;
%%% 反馈系统 %%%%
K=[2 0 0 0 0 0; 0 4 4 0 0 0; 0 0 0 4 4 0; 0 0 0 0 0 2];
Acl = A - B*K; C=zeros(6,6); D=zeros(6,4);
sys=ss(Acl,B,C,D);
pi=22/7; a=1; w=pi; t=[0:0.01:9.999];
xe0=[0;a*w;0;0;1;0];
xe0=[1;a*w;2;0;-3;-2];
xef=[0;0;0;0;0;0];
ue1 = -K(1,1)*xef(1); ue2 = -K(2,2)*xef(2) -K(2,3)*xef(3);
ue3 = -K(3,4)*xef(4) -K(3,5)*xef(5); ue4 = -K(4,6)*xef(6);
ue=[ue1;ue2;ue3;ue4]; ue=ue*ones(1,1000);
[y,t,x]=lsim(sys,ue,t,xe0); xa=x';
%%%链式实际输入和期望输入的响应%%%
ur1 = -K(1,1)*xa(1,:);
```

```
ur2 = -K(2,2)*xa(2,:) -K(2,3)*xa(3,:);
ur3 = -K(3,4)*xa(4,:) -K(3,5)*xa(5,:);
ur4 = -K(4,6)*xa(6,:);
ur =[ur1;ur2;ur3;ur4];
ud1 =1; ud1n =ud1*ones(1,1000);
ud2 = -a*w^2*sin(w*t); ud2n =ud2';
ud3 =0*ones(1,1000); ud4 =0*ones(1,1000);
ud =[ud1n;ud2n;ud3;ud4];
u =ud +ur;
Figure (4);
plot(t,ud), grid, title('Chained form desired and actual
inputs vs time,'); hold on; grid on
plot(t,u,'--'); hold off
%%%%%%%%%%%%%%%%%%%%%%%%%%%%%
% 跟踪误差变量 x,y,z 的计算%
%%%%%%%%%%%%%%%%%%%%%%%%%%%%%%
% 反馈系统
K=[2 0 0 0 0 0; 0 4 4 0 0 0; 0 0 0 4 4 0; 0 0 0 0 0
2];% 根为(-2)
Acl = A - B*K; C=zeros(6,6); D=zeros(6,4);
sys=ss(Acl,B,C,D);
pi=22/7; a=1; w=pi;t=[0:0.01:9.999];
xe0 =[0;a*w;0;0;1;0];
xe0 =[1;a*w;2;0;-3;-2];
xef =[0;0;0;0;0;0];
ue1 = -K(1,1)*xef(1);
ue2 = -K(2,2)*xef(2) -K(2,3)*xef(3);
ue3 = -K(3,4)*xef(4) -K(3,5)*xef(5);
ue4 = -K(4,6)*xef(6);
ue =[ue1;ue2;ue3;ue4]; ue =ue*ones(1,1000);
[y,t,x] =lsim(sys,ue,t,xe0);
xd1 =t; xd2 =a*w*cos(w*t); xd3 =a*sin(w*t);
xd4 =0*ones(1,1000); xd5 =1*ones(1,1000);
xd6 =0*ones(1,1000);
xd =[xd1';xd2';xd3';xd4;xd5;xd6];
```

```
xact = x' + xd;
% % % 实际系统变量的误差响应% % %
X = xact(1,:);
Y = xact(3,:);
Z = xact(5,:);
W1 = [X;Y;Z];
Xd = xd(1,:); Yd = xd(3,:); Zd = xd(5,:);
Wd1 = [Xd;Yd;Zd];
We1 = W1 - Wd1;
Figure (5);
plot(t,We1), grid, title('Error in original state
variables, x,y,z '); grid on
% % % % % % % % % % % % % % % % % % % % % % % % % % % % % % % % %
% 计算跟踪误差变量ψ,θ,φ%
% % % % % % % % % % % % % % % % % % % % % % % % % % % % % % % % %
% 反馈系统
K = [2 0 0 0 0 0; 0 4 4 0 0 0; 0 0 0 4 4 0; 0 0 0 0 0 2];
Acl = A - B*K; C = zeros(6,6); D = zeros(6,4);
sys = ss(Acl,B,C,D);
pi = 22/7; a = 1; w = pi;t = [0:0.01:9.999];
xe0 = [0;a*w;0;0;1;0];% 在初始轨迹上
xe0 = [1;a*w;2;0; -3; -2];% 脱离初始轨迹
xef = [0;0;0;0;0;0];
ue1 = -K(1,1)*xef(1);
ue2 = -K(2,2)*xef(2) -K(2,3)*xef(3);
ue3 = -K(3,4)*xef(4) -K(3,5)*xef(5);
ue4 = -K(4,6)*xef(6);
ue = [ue1;ue2;ue3;ue4]; ue = ue*ones(1,1000);
[y,t,x] = lsim(sys,ue,t,xe0);
xd1 = t; xd2 = a*w*cos(w*t); xd3 = a*sin(w*t);
xd4 = 0*ones(1,1000); xd5 = 1*ones(1,1000);
xd6 = 0*ones(1,1000);
xd = [xd1';xd2';xd3';xd4;xd5;xd6];
xact = x' + xd;
% % % 实际系统变量的误差响应% % %
```

```
X = xact(1,:);
Y = xact(3,:);
Z = xact(5,:);
W1 = [X;Y;Z];
PSI = atan(xact(2,:));
theta = - atan(xact(4,:)./sec(PSI));
phi = atan (xact(6,:));
phi = acot(cot(theta)./sin(PSI) + tan(PSI)./sin(theta));
W2 = [PSI;theta;phi];
PSId = atan(xd(2,:));
thetad = - atan(xd(4,:)./sec(PSId));
phid = atan (xd(6,:));
phid = acot(cot(thetad)./sin(PSId) + tan(PSId)./sin(thetad)) ;
Wd2 = [PSId;thetad;phid];
We2 = W2 - Wd2;
Figure (6);
plot(t,We2),grid; title('Error in original state
variables,(psie,thetae,phie)');
%%%%%%%%%%%%%%%%%%%%%%%%%%%%%%%
% 实际和期望的原始变量 x,y,z%
%%%%%%%%%%%%%%%%%%%%%%%%%%%%%%%
K = [2 0 0 0 0 0; 0 4 4 0 0 0; 0 0 0 4 4 0; 0 0 0 0 0 2];
Acl = A - B*K; C = zeros(6,6); D = zeros(6,4);
sys = ss(Acl,B,C,D);
pi = 22/7; a = 1; w = pi;t = [0:0.01:9.999];
xe0 = [0;a*w;0;0;1;0];
xe0 = [1;a*w;2;0; - 3; - 2];
xef = [0;0;0;0;0;0];
ue1 = - K(1,1)*xef(1);
ue2 = - K(2,2)*xef(2) - K(2,3)*xef(3);
ue3 = - K(3,4)*xef(4) - K(3,5)*xef(5);
ue4 = - K(4,6)*xef(6);
ue = [ue1;ue2;ue3;ue4]; ue = ue*ones(1,1000);
[y,t,x] = lsim(sys,ue,t,xe0);
xd1 = t;
```

```
xd2 = a*w*cos(w*t);
xd3 = a*sin(w*t);
xd4 = 0*ones(1,1000);
xd5 = 1*ones(1,1000);
xd6 = 0*ones(1,1000);
xd = [xd1';xd2';xd3';xd4;xd5;xd6];
xact = x' + xd;
X = xact(1,:);
Y = xact(3,:);
Z = xact(5,:);
W1 = [X;Y;Z];
Xd = xd(1,:);
Yd = xd(3,:);
Zd = xd(5,:);
Wd1 = [Xd;Yd;Zd];
Figure (7);
plot(t,W1),grid,title('Original system actual state
variables,(x,y,z)');hold on;
plot(t,Wd1,'--'); title('Original system actual state
variables,(xd,·,zd)');hold off
%%%%%%%%%%%%%%%%%%%%%%%%%
% 实际和期望的原始变量ψ,θ,φ%
%%%%%%%%%%%%%%%%%%%%%%%%%
K = [2 0 0 0 0 0; 0 4 4 0 0 0; 0 0 0 4 4 0; 0 0 0 0 0 2];
Acl = A - B*K; C = zeros(6,6); D = zeros(6,4);
sys = ss(Acl,B,C,D);
pi = 22/7; a = 1; w = pi;t = [0:0.01:9.999];
xe0 = [0;a*w;0;0;1;0];% 在初始轨迹上
xe0 = [1;a*w;2;0;-3;-2];% 脱离初始轨迹
xef = [0;0;0;0;0;0];
ue1 = -K(1,1)*xef(1);
ue2 = -K(2,2)*xef(2) -K(2,3)*xef(3);
ue3 = -K(3,4)*xef(4) -K(3,5)*xef(5);
ue4 = -K(4,6)*xef(6);
ue = [ue1;ue2;ue3;ue4]; ue = ue*ones(1,1000);
```

```
[y,t,x] = lsim(sys,ue,t,xe0);
xd1 = t;
xd2 = a*w*cos(w*t);
xd3 = a*sin(w*t);
xd4 = 0*ones(1,1000);
xd5 = 1*ones(1,1000);
xd6 = 0*ones(1,1000);
xd = [xd1';xd2';xd3';xd4;xd5;xd6];
xact = x' + xd;
X = xact(1,:);
Y = xact(3,:);
Z = xact(5,:);
W1 = [X;Y;Z];
Xd = xd(1,:);
yd = xd(3,:);
Zd = xd(5,:);
Wd1 = [Xd;Yd;Zd];
PSI = atan(xact(2,:));
theta = -atan(xact(4,:)./sec(PSI));
phi = atan (xact(6,:));
phi = acot(cot(theta)./sin(PSI) + tan(PSI)./sin(theta));
W2 = [PSI;theta;phi];
PSId = atan(xd(2,:));
thetad = -atan(xd(4,:)./sec(PSId));
phid = atan (xd(6,:));
phid = acot(cot(thetad)./sin(PSId) + tan(PSId)./sin(thetad)) ;
Wd2 = [PSId;thetad;phid];
We2 = W2 - Wd2;
Figure (8);
plot(t,W2),grid,title('Original system actual state
variables, (psi,theta,phi) ');hold on;
plot(t,Wd2,' - -'); title('Original system actual state va
riables,((psid,thetad,phid)');hold off;
%%%%%%%%%%%%%%%%%%%%%%%
% 计算实际输入 v1 %
```

```
%%%%%%%%%%%%%%%%%%%%%%%%
A=[0 0 0 0 0 0;0 0 0 0 0 0;0 1 0 0 0 0; 0 0 0 0 0 0 ; 0
0 0 1 0 0;0 0 0 0 0 0];
B=[1 0 0 0;0 1 0 0 ;0 0 0 0;0 0 1 0; 0 0 0 0; 0 0 0 1];
% %% 极点位置%%%
s1=s2=s3=s4=s5=s6=-2; wn=2; qsi=1;
%%% 反馈系统 %%%%
K=[2 0 0 0 0 0; 0 4 4 0 0 0; 0 0 0 4 4 0; 0 0 0 0 0 2];
Acl = A - B*K; C=zeros(6,6); D=zeros(6,4);
sys=ss(Acl,B,C,D);
pi=22/7; a=1; w=pi; t=[0:0.01:9.999];
xe0=[0;a*w;0;0;1;0];
xe0=[1;a*w;2;0; -3; -2];
xef=[0;0;0;0;0;0];
ue1 = -K(1,1)*xef(1); ue2 = -K(2,2)*xef(2) -K(2,3)*xef(3);
ue3 = -K(3,4)*xef(4) -K(3,5)*xef(5); ue4 = -K(4,6)*xef(6);
ue=[ue1;ue2;ue3;ue4]; ue=ue*ones(1,1000);
[y,t,x]=lsim(sys,ue,t,xe0); xa=x';
xd1=t;
xd2=a*w*cos(w*t);
xd3=a*sin(w*t);
xd4=0*ones(1,1000);
xd5=1*ones(1,1000);
xd6=0*ones(1,1000);
xd=[xd1';xd2';xd3';xd4;xd5;xd6];
xact=x'+xd;
ur1 = -K(1,1)*xa(1,:);
ur2 = -K(2,2)*xa(2,:) -K(2,3)*xa(3,:);
ur3 = -K(3,4)*xa(4,:) -K(3,5)*xa(5,:);
ur4 = -K(4,6)*xa(6,:);
ur=[ur1;ur2;ur3;ur4];
ud1=1;
ud1n=ud1*ones(1,1000);
ud2 = -a*w^2*sin(w*t);
ud2n=ud2';
ud3=0*ones(1,1000);
```

```
ud4 = 0*ones(1,1000);
ud = [ud1n;ud2n;ud3;ud4];
u = ud + ur;
PSI = atan(xact(2,:));
    theta = -atan(xact(4,:)./sec(PSI));
phi = atan (xact(6,:));
phi = acot(cot(theta)./sin(PSI) + tan(PSI)./sin(theta));
v1 = u(1,:)./cos(PSI).*cos(theta);
Figure (9);
plot(t,v1),grid, title( 'original system input1 (v1');
%%%%%%%%%%%%%%%%%%%%%%%%%%
% 计算输入 v2 %
%%%%%%%%%%%%%%%%%%%%%%%%%%%
r11 = cos(PSI).*cos(theta);
r23 = sin(PSI).*sin(theta).*cos(phi) - cos(PSI).*sin(phi);
r33 = cos(theta).*cos(phi);
r22 = sin(PSI).*sin(theta).*sin(phi) + cos(PSI).*cos(phi);
r32 = sin(phi).*cos(theta);
r12 = cos(PSI).*sin(theta).*sin(phi) - sin(PSI).*cos(phi);
r13 = sin(PSI).*sin(theta).*cos(phi) + sin(PSI).*sin(phi);
R = r11 + r22 + r33;
R1 = 1 + R;
r11n = 1./(1 + r11);
v3 = r11.*( - r23.*u(2,:) - r33.*u(3,:));
v4 = r11.*(r22.*u(2,:) + r32.*u(3,:));
v2 = r11n.*(R1.*u(4,:) - r12.*v3 - r13.*v4);
Figure (10);
plot(t,v2),grid, title( 'original system input2 (v2');
%%%%%%%%%%%%%%%%%%%%%%%%%%
% 计算输入 v3 %
%%%%%%%%%%%%%%%%%%%%%%%%%%
r11 = cos(PSI).*cos(theta);
r23 = sin(PSI).*sin(theta).*cos(phi) - cos(PSI).*sin(phi);
r33 = cos(theta).*cos(phi);
r22 = sin(PSI).*sin(theta).*sin(phi) + cos(PSI).*cos(phi);
r32 = sin(phi).*cos(theta);
```

```
r12 = cos(PSI).*sin(theta).*sin(phi) - sin(PSI).*cos(phi);
r13 = sin(PSI).*sin(theta).*cos(phi) + sin(PSI).*sin(phi);
R = r11 + r22 + r33;
R1 = 1 + R;
r11n = 1./(1 + r11);
v3 = r11.*( - r23.*u(2,:) - r33.*u(3,:));
Figure (11);
plot(t,v3),grid, title( 'original system input3 (v3');
%%%%%%%%%%%%%%%%%%%%%%%%%%
% 计算输入 v4 %
    r11 = cos(PSI).*cos(theta);
    r23 = sin(PSI).*sin(theta).*cos(phi) - cos(PSI).*sin(phi);
r33 = cos(theta).*cos(phi);
r22 = sin(PSI).*sin(theta).*sin(phi) + cos(PSI).*cos(phi);
r32 = sin(phi).*cos(theta);
r12 = cos(PSI).*sin(theta).*sin(phi) - sin(PSI).*cos(phi);
r13 = sin(PSI).*sin(theta).*cos(phi) + sin(PSI).*sin(phi);
R = r11 + r22 + r33;
R1 = 1 + R;
r11n = 1./(1 + r11);
v4 = r11.*(r22.*u(2,:) + r32.*u(3,:));
Figure (12);
plot(t,v4),grid, title( 'original system input4 (v4)');
```

4.4 基于状态和输入间转换的精确反馈线性化控制

本节将通过非线性反馈控制使轨迹跟踪误差全局稳定到零。对于非线性系统,有两种常用的精确线性化方法。一种是通过全状态反馈将系统微分方程线性化,另一种是将输入输出的微分映射线性化。通过静态反馈或动态反馈可以使这两种问题迎刃而解。

对于非完整无漂移系统 $\dot{\boldsymbol{q}} = \boldsymbol{G}(\boldsymbol{q})\boldsymbol{v}$,系统的全状态线性化不能通过光滑静态(时不变)反馈来实现。这是由可控性条件($\mathrm{rank}[\boldsymbol{g}_1,\boldsymbol{g}_2,\boldsymbol{g}_3,\boldsymbol{g}_4,[\boldsymbol{g}_1,\boldsymbol{g}_3][\boldsymbol{g}_1,\boldsymbol{g}_4]] = 6$)决定的,该条件意味着向量场 $\boldsymbol{g}_1,\boldsymbol{g}_2,\boldsymbol{g}_3,\boldsymbol{g}_4$ 的分配不对合,不满足全静态状态反馈线性化的必要条件[13]。因此为了实现系统的精确线性化,必须采用动态反馈控制。

对于上述非线性系统，动态反馈线性化包括的动态反馈补偿器如下所示：

$$\begin{aligned}\dot{\boldsymbol{\xi}} &= a(\boldsymbol{q},\boldsymbol{\xi}) + b(\boldsymbol{q},\boldsymbol{\xi})\boldsymbol{r} \\ \boldsymbol{u} &= c(\boldsymbol{q},\boldsymbol{\xi}) + d(\boldsymbol{q},\boldsymbol{\xi})\boldsymbol{r}\end{aligned} \tag{4.20}$$

$\boldsymbol{\xi}$ 是补偿器的状态向量，它的维数取决于输入通道上积分器的数量。向量 $\boldsymbol{r}$ 是辅助输入向量，它是附加在积分器上新的辅助输入。

动态扩展问题的出发点是定义一个 m 维的输出向量 $\boldsymbol{z}=\boldsymbol{h}(a)$，其中 $m=4$。某一特定期望值加到输出向量上，输出向量连续微分直到系统的每个输入都出现，且映射（或矩阵）非奇异。在输出向量连续微分时，需要在输入上添加积分器，以便输出向量可以直接微分。积分器的数量决定补偿器的状态向量 $\boldsymbol{\xi}$ 的维数，这些积分器的输入成为新的辅助输入 $\boldsymbol{r}$，流程的继续或结束取决于进行微分后，选择的输出向量 $\boldsymbol{z}$ 是否使得系统可逆。如果输出向量微分的总次数等于原系统的阶数和补偿器维数之和，那么对于无内部力学运动的全状态线性化是可实现的。

这个过程可使输出从新辅助输入中解耦出来。系统解耦运算中，在未增加补偿状态的条件下输出变量的微分在某些点是非奇异的，解耦过程是系统输入输出线性化的过程。使系统线性化的静态反馈控制器为

$$\boldsymbol{u} = a(\boldsymbol{q}) + b(\boldsymbol{q})\boldsymbol{r} \tag{4.21}$$

4.4.1 基于静态反馈的精确反馈线性化控制

将系统的链式输出向量表示成

$$\boldsymbol{z} = \begin{pmatrix} x_1 \\ x_3 \\ x_5 \\ x_6 \end{pmatrix} \tag{4.22}$$

其导数表示为

$$\dot{\boldsymbol{z}} = \begin{pmatrix} \dot{x}_1 \\ \dot{x}_3 \\ \dot{x}_5 \\ \dot{x}_6 \end{pmatrix} = \begin{pmatrix} 1 & 0 & 0 & 0 \\ x_2 & 0 & 0 & 0 \\ x_4 & 0 & 0 & 0 \\ 0 & 0 & 0 & 1 \end{pmatrix} \begin{pmatrix} u_1 \\ u_2 \\ u_3 \\ u_4 \end{pmatrix}$$

或

$$\dot{\boldsymbol{z}} = \boldsymbol{H}(\boldsymbol{q})\boldsymbol{u} \tag{4.23}$$

输入 u_2 和 u_3 微分后不会再出现，且解耦矩阵 $\boldsymbol{H}(\boldsymbol{q})$ 不可逆（为奇异矩阵），

因此静态反馈无法使用,且系统不能实现输入输出线性化。如果选择实际状态变量作为输出向量重复上面的步骤,会得到相同的结论。

4.4.2 基于动态反馈的精确反馈线性化控制

由于静态反馈不能解决问题,因此使用动态反馈的方法。为了使用动态反馈线性化控制,重新定义链式的线性化输出向量如下所示:

$$\boldsymbol{z} = \begin{pmatrix} x_1 \\ x_3 \\ x_5 \\ x_6 \end{pmatrix} \tag{4.24}$$

对时间求导为

$$\dot{\boldsymbol{z}} = \begin{pmatrix} \dot{x}_1 \\ \dot{x}_3 \\ \dot{x}_5 \\ \dot{x}_6 \end{pmatrix} = \begin{pmatrix} 1 & 0 & 0 & 0 \\ x_2 & 0 & 0 & 0 \\ x_4 & 0 & 0 & 0 \\ 0 & 0 & 0 & 1 \end{pmatrix} \begin{pmatrix} u_1 \\ u_2 \\ u_3 \\ u_4 \end{pmatrix} \tag{4.25}$$

为了实现算法,需要增加两个积分器。在输入分别为 u_1 和 u_4 的条件下,它们的状态分别为 ζ_1 和 ζ_2,所以在下一步计算中可以避免它们的微分。因此

$$\begin{aligned} &u_1 = \zeta_1 \quad u_4 = \zeta_2 \\ &\dot{\zeta}_1 = u'_1 \quad \dot{\zeta}_2 = u'_4 \end{aligned} \tag{4.26}$$

其中,u'_1 和 u'_4 是系统的辅助输入。根据式(4.26),再次对输出向量求导可得

$$\ddot{\boldsymbol{z}} = \begin{pmatrix} \dot{u}_1 \\ \dot{x}_2 u_1 + x_2 \dot{u}_1 \\ \dot{x}_4 u_1 + x_4 \dot{u}_1 \\ \dot{u}_4 \end{pmatrix} = \begin{pmatrix} \dot{\zeta}_1 \\ \dot{x}_2 \zeta_1 + x_2 \dot{\zeta}_1 \\ \dot{x}_4 u_1 + x_4 \dot{\zeta}_1 \\ \dot{\zeta}_2 \end{pmatrix}$$

或者表示为

$$\ddot{\boldsymbol{z}} = \begin{pmatrix} u'_1 \\ \zeta_1 u_2 + x_2 u'_1 \\ \zeta_1 u_3 + x_4 u'_1 \\ u'_4 \end{pmatrix} = \begin{pmatrix} 1 & 0 & 0 & 0 \\ x_2 & \zeta_1 & 0 & 0 \\ x_4 & 0 & \zeta_1 & 0 \\ 0 & 0 & 0 & 1 \end{pmatrix} \begin{pmatrix} u'_1 \\ u_2 \\ u_3 \\ u'_4 \end{pmatrix} \tag{4.27}$$

上式中所有的输入都是非奇异的，换言之，解耦矩阵也是非奇异的，矩阵行列式的值为ζ_1^2，因此算法经两次微分后结束。当且仅当$\zeta_1 \neq 0$或$u_1 \neq 0$时矩阵是非奇异的。这里补偿器的阶数为$2(b=2)$，系统的状态数为$6(n=6)$。系统微分总次数为8等于$n+b$。因此，可实现全状态线性化。

将式(4.27)表示成$\ddot{z}=\boldsymbol{r}$的形式，其中$\boldsymbol{r}$为辅助参考输入，由此可得解耦的积分链为

$$
\begin{aligned}
\ddot{z}_1 &= r_1 \\
\ddot{z}_2 &= r_2 \\
\ddot{z}_3 &= r_3 \\
\ddot{z}_4 &= r_4
\end{aligned}
\tag{4.28}
$$

则非线性动态反馈控制器为

$$
\begin{aligned}
u_1 &= \zeta_1 \\
u_2 &= (r_2 - x_2 r_1)/\zeta_1 \\
u_3 &= (r_3 - x_4 r_1)/\zeta_1 \\
u_4 &= \zeta_2 \\
\dot{\zeta}_1 &= u'_1 = r_1 \\
\dot{\zeta}_2 &= u'_4 = r_4
\end{aligned}
\tag{4.29}
$$

在链式坐标系下，假设系统跟踪的光滑期望参考轨迹为$z_d(t)=(x_{d1}(t),x_{d3}(t),x_{d5}(t),x_{d6}(t))^{\mathrm{T}}$，线性解耦系统按照期望轨迹指数稳定的反馈控制如下所示：

$$
r_i = \ddot{z}_{di}(t) + k_{vi}(\ddot{z}_{di}(t) - \ddot{z}_i(t)) + k_{pi}(z_{di}(t) - z_i(t));i=1,2,\cdots,4
\tag{4.30}
$$

比例增益k_{vi}和微分增益k_{pi}(PD)均为正值，则系统的特征多项式为

$$
s^2 + k_{vi}s + k_{pi};i=1,2,\cdots,4
\tag{4.31}
$$

它满足赫尔维兹稳定性条件。通过式(4.25)和式(4.27)可求得变量$\dot{z}_d$和$\ddot{z}_d$的期望值。为了进行仿真，根据期望输出轨迹，其他状态变量在初始时刻$t=t_0$表示为

$$
\begin{aligned}
&x_1(t_0) = z_{d1}(t_0) = x_d(t_0) \\
&x_2(t_0) = \dot{z}_{d2}(t_0)/\dot{z}_{d1}(t_0) = y_d(t_0)/\dot{x}_d(t_0) \\
&x_3(t_0) = z_{d2}(t_0) = y_d(t_0) \\
&x_4(t_0) = \dot{z}_{d3}(t_0)/\dot{z}_{d1}(t_0) = \dot{z}_d(t_0)/\dot{x}_d(t_0) \\
&x_{d5}(t_0) = z_{d3}(t_0) = z_d(t_0) \\
&x_{d6}(t_0) = z_{d4}(t_0) \\
&\zeta_1(t_0) = \dot{z}_{d1}(t_0) \\
&\zeta_2(t_0) = \dot{z}_{d4}(t_0)
\end{aligned}
\tag{4.32}
$$

根据这些初始化条件,输出轨迹是可重现的。其他在初始化条件下,跟踪误差会随时间以指数收敛于零。如果将动态扩展应用到原始运动学方程中,会得到相同结果。

4.4.3 控制器仿真

设定期望轨迹如下:

$$
\begin{aligned}
z_{d1}(t) &= x_d(t) = t \\
z_{d2}(t) &= y_d(t) = a\sin\omega t \\
z_{d3}(t) &= z_d(t) = 1 \\
z_{d4}(t) &= x_{d6}(t) = 0
\end{aligned}
$$

给出链式系统的状态和期望输入如下:

$$
\begin{aligned}
x_{d1}(t) = tx_{d2}(t) &= a\omega\cos\omega t \\
x_{d3}(t) &= a\sin\omega t \\
x_{d4}(t) &= 0 \\
x_{d5}(t) &= 1 \\
x_{d6}(t) &= 0
\end{aligned}
$$

且

$$
\begin{aligned}
\zeta_{d1}(t) &= u_{d1}(t) = 1 \\
\zeta_{d2}(t) &= u_{d4}(t) = 0 \\
u_{d2}(t) &= -a\omega^2\sin\omega t \\
u_{d3}(t) &= 0
\end{aligned}
$$

状态初始值为

$$x_{d1}(0) = 0 \quad x_{d2}(0) = a\omega \quad x_{d3}(0) = 0$$

$$x_{d4}(0) = 0 \quad x_{d5}(0) = 1 \quad x_{d6}(0) = 0$$

$$\zeta_{d1}(0) = u_{d1}(0) = 1 \quad \zeta_{d2}(0) = u_{d4}(0) = 0$$

设置系统的 6 个闭环极点均为 -2,也就是 $p_i = -2; i = 1, \cdots, 6$,PD 增益 $k_{vi} = 4$ 和 $k_{pi} = 4$,$a = 1$、$\omega = \pi$。仿真结果显示了链式系统的状态、输入与实际状态、输入间的跟踪误差。一旦跟踪误差变为零,实际输入(控制输入)就与期望输入相同。仿真结果如图 4.13 ~ 图 4.24 所示。

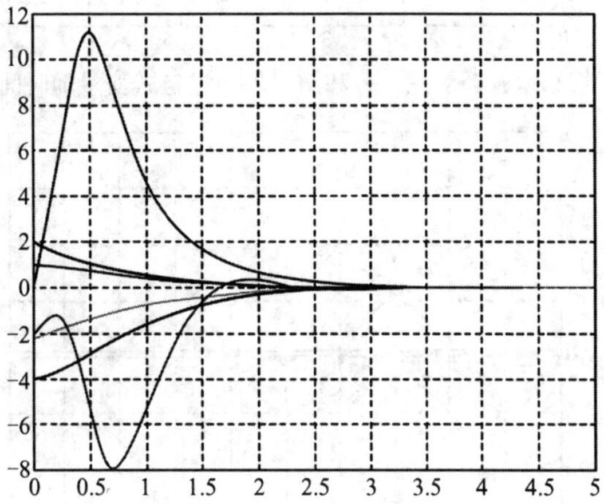

图 4.13　动态反馈结果:链式变量随时间(s)的跟踪误差曲线

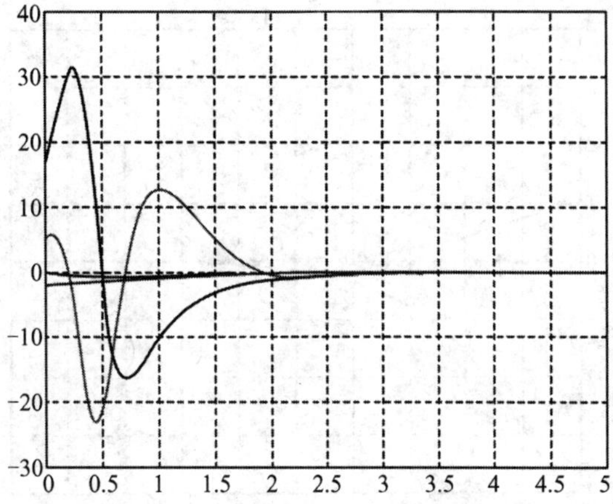

图 4.14　动态反馈结果:链式输入随时间(s)的跟踪误差曲线

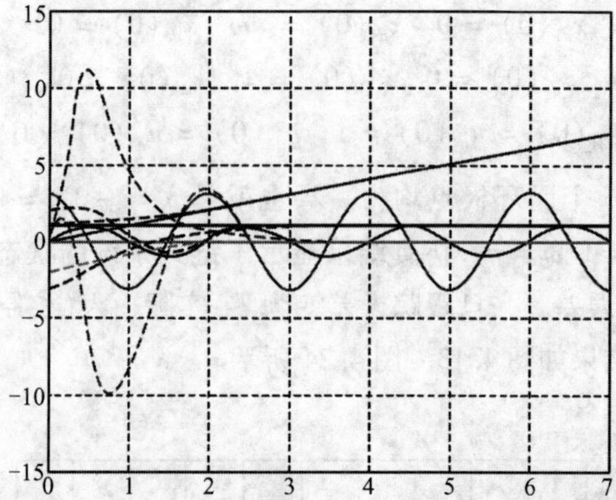

图 4.15　动态反馈结果：实际（－ －）和期望（－）的链式变量随时间（s）的变化曲线

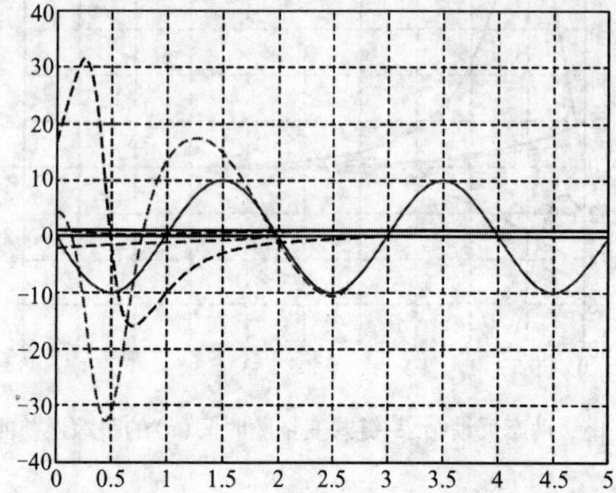

图 4.16　动态反馈结果：实际（－ －）和期望（－）的链式输入随时间（s）的变化曲线

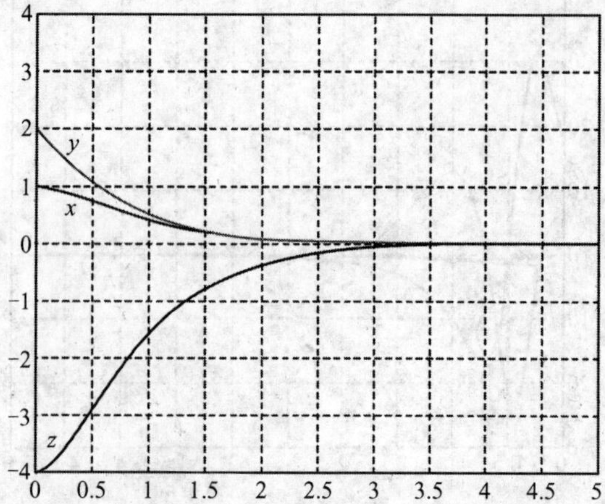

图 4.17　动态反馈结果：变量 x,y,z 随时间（s）的跟踪误差（m）曲线

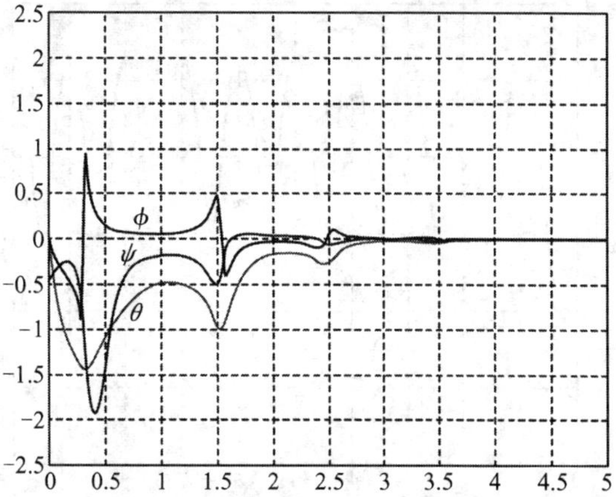

图 4.18　动态反馈结果：变量 ϕ、θ、ψ 随时间(s)的跟踪误差(rad)曲线

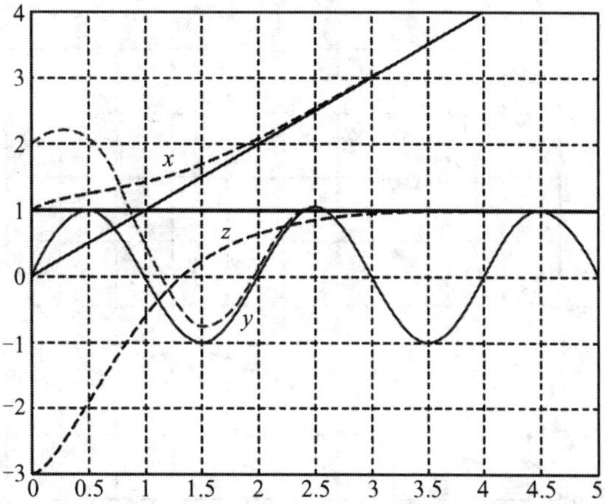

图 4.19　动态反馈结果：实际(－ －)和期望(－)的初始变量 x,y,z 随时间(s)的变化曲线

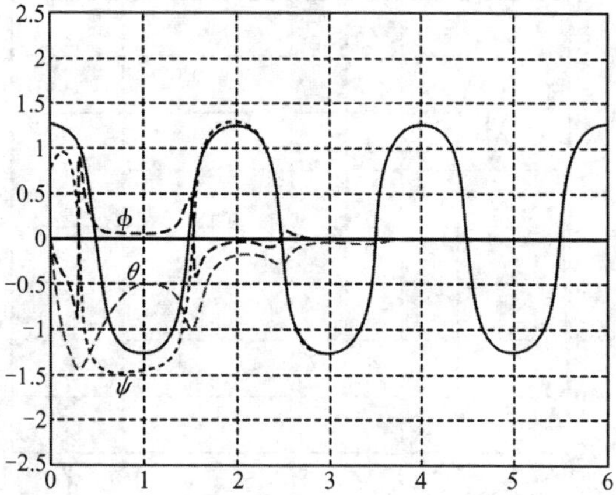

图 4.20　动态反馈结果：实际(－ －)和期望(－)的初始变量 ϕ、θ、ψ 随时间(s)的变化曲线

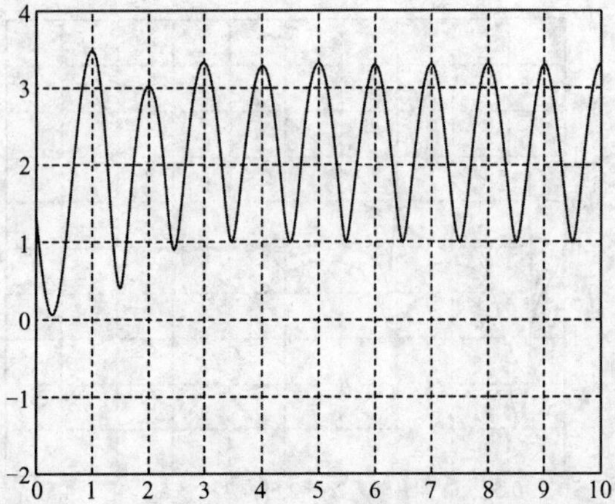

图 4.21　动态反馈结果：v_1(m/s)随时间(s)的变化曲线

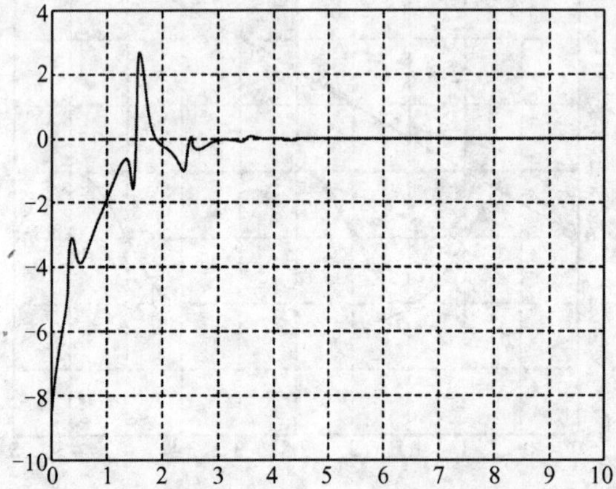

图 4.22　动态反馈结果：v_2(rad/s)随时间(s)的变化曲线

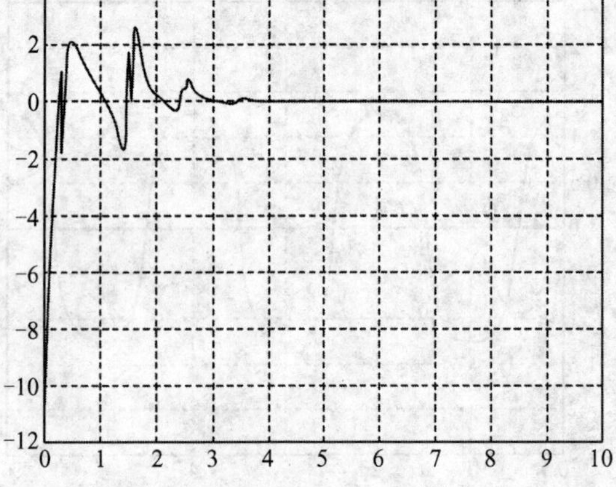

图 4.23　动态反馈结果：v_3(rad/s)随时间(s)的变化曲线

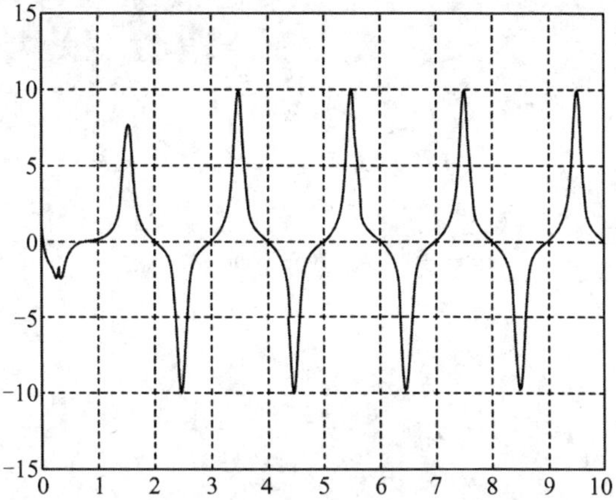

图 4.24　动态反馈结果：v_4(rad/s)随时间(s)的变化曲线

4.4.4　动态扩展 MATLAB 程序代码

```
%%%%%%%%%%%%%%%%%%%%%%%%%%
% 通过动态扩展线性化%
%%%%%%%%%%%%%%%%%%%%%%%%%%
t=[0:0.01:10]'; a=1; w=pi;
xd=t; xddot=1;
yddot=a*w*cos(w*t);
y2ddot=-a*w*w*sin(w*t);yd=a*sin(w*t);
den=(sqrt(xddot.*xddot+yddot.*yddot)).*(sqrt(xddot.*xddot+yddot.*
yddot)).*(sqrt(xddot.*xddot+yddot.*yddot));
[t,x]=ode45('F1',[t],[-2,1]);
[t,y]=ode45('F2',[t],[a*w,1]);
[t,z]=ode45('F3',[t],[0,1]);
xe=-x(:,1)+xd;
ye=-y(:,1)+yd;
ze=-z(:,1)+zd;
theta=atan(y(:,2)./x(:,2));
thetad=atan(a*w*cos(w*t));
thetae=thetad-theta;
x2=(x(:,2).*y(:,3)-x(:,3).*y(:,2))./(x(:,1).*x(:,1).*x(:,1));
phi=atan(cos(theta).*cos(theta).*cos(theta).*x2);
phid=atan((y2ddot.*xddot)./den);
```

```
phie = phid - phi;
%%%%%%%%%%%%%%%%%%%%%%%%%%%%
% MATLAB 函数'F1','F2','F3'和'F4'%
%%%%%%%%%%%%%%%%%%%%%%%%%%%%
function x P = F(t,x)          %%% 函数'F1'
a = 1; w = pi;
x P = zeros(2,1);
xp(1) = x(2);
xp(2) = -4*x(1) -4*x(2) +4 +4*t;
function y P = F (t,y)         %%% 函数'F2'
a = 1; w = pi;
y P = zeros(2,1);
yp(1) = y(2);
yp(2) = -4*y(2) -4*y(1) -a*w*sin(w*t) +4*a*w*cos(w*t) +4*a*sin(w*
t);
function z P = F4(t,z)         %%% 函数'F3'
a = 1; w = pi;
z P = zeros(2,1);
zp(1) = z(2);
zp(2) = -4*z(2) -4*z(1) +4;
function s P = F4(t,s)         %%% 函数'F4'
a = 1; w = pi;
s P = zeros(2,1);
sp(1) = s(2);
sp(2) = -4*s(2) -4*s(1);
%%%%%%%%%%%%%%%%%%%%%%%%%%%%%%%
% 链式变量的跟踪误差%
%%%%%%%%%%%%%%%%%%%%%%%%%%%%%%%
t = [0:0.001:9.999]'; a = 1; w = pi;
xd = t;
yd = a*sin(w*t);
zd = 1; sd = 0;
xd2 = a*w*cos(w*t);
xd4 = 0*ones(1,10000);
PSId = atan(xd2);
```

```
thetad = -atan(xd4'./sec(PSId));
phid = acot(cot(thetad)./sin(PSId) + tan(PSId)./sin(thetad)) ;
xddot = 1;
yddot = a*w*cos(w*t);
y2ddot = -a*w*w*sin(w*t);yd = a*sin(w*t);
den = (sqrt(xddot.*xddot + yddot.*yddot)).*(sqrt(xddot.*xddot + yddot.*
yddot)).*(sqrt(xddot.*xddot + yddot.*yddot));
%%% 链式误差变量的响应 %%%
[t,x] = ode45('F1',[t],[1,1]);
[t,y] = ode45('F2',[t],[2,1]);
[t,z] = ode45('F3',[t],[-3,0]);
[t,s] = ode45('F4',[t],[-2,0]);
x2 = y(:,2)./x(:,2);
x4 = z(:,2)./x(:,2);
xe = x(:,1) - xd;
ye = y(:,1) - yd;
ze = z(:,1) - zd';
se = s(:,1) - sd;
xe2 = x2 - xd2;
xe4 = x4 - xd4';
Figure Â€(1)
plot(t, xe,'b'), grid, title('Error in chained form states'); hold on
plot(t, xe2,'g');
plot(t,ye,'r');
plot(t,xe4,'c');
plot(t, ze,'m')
plot(t, se,'y'); hold off
%%%%%%%%%%%%%%%%%%%%%%%%%%%%%%%%%%%%%%
% 链式输入的跟踪误差的计算%
%%%%%%%%%%%%%%%%%%%%%%%%%%%%%%%%%%%%%%
xd = t; yd = a*sin(w*t); zd = 1; t = [0:0.001:9.999]';
xddot = 1;
yddot = a*w*cos(w*t);
y2ddot = -a*w*w*sin(w*t);yd = a*sin(w*t);
den = (sqrt(xddot.*xddot + yddot.*yddot)).*(sqrt(xddot.*xddot + yddot.*
```

```
yddot)).*(sqrt(xddot.*xddot+yddot.*yddot));
[t,x]=ode45('F1',[t],[1,1]);
[t,y]=ode45('F2',[t],[2,1]);
[t,z]=ode45('F3',[t],[-3,0]);
% % % 链式输入误差% % %
r1=4+4*t-4*x(:,2)-4*x(:,1);
r2=-4*y(:,2)-4*y(:,1)-a*w*w*sin(w*t)+4*a*w*cos(w*t)+4*a*
sin(w*t);
r3=-4*z(:,2)-4*z(:,1)+4;
u1=x(:,2);
zeta1=u1;
u2=(r2-x2.*r1)./zeta1;
u3=(r3-x4.*r1)./zeta1;
u4=s(:,1);
ud1=1*ones(1,10000);
u1e=u1-ud1';
ud2=-a*w^2*sin(w*t);
u2e=u2-ud2;
ud3=0*ones(1,10000);
u3e=u3-ud3';
ud4=0*ones(1,10000);
u4e=u4-ud4';
Figure(2)
plot(t,u1e,'b'), grid, title('Error in chained inputs');
hold on
plot (t, u2e,'g');
plot(t,u3e,'r');
plot(t,u4e,'c'); hold off
% % % % % % % % % % % % % % % % % % % % % % % %
% 实际和期望的链式变量 %
% % % % % % % % % % % % % % % % % % % % % % % %
t=[0:0.001:9.999]'; a=1; w=pi;
xd=t;yd=a*sin(w*t);
zd=1; sd=0;
xd2=a*w*cos(w*t);
```

```
xd4 = 0*ones(1,10000);
PSId = atan(xd2);
thetad = -atan(xd4'./sec(PSId));
phid = acot(cot(thetad)./sin(PSId) + tan(PSId)./sin(thetad)) ;
xddot = 1;
yddot = a*w*cos(w*t);
y2ddot = -a*w*w*sin(w*t);yd = a*sin(w*t);
den = (sqrt(xddot.*xddot + yddot.*yddot)).*(sqrt(xddot.*xddot + yddot.*
yddot)).*(sqrt(xddot.*xddot + yddot.*yddot));
%%% 实际链式向量的响应%%%
[t,x] = ode45('F1',[t],[1,1]);
[t,y] = ode45('F2',[t],[2,1]);
[t,z] = ode45('F3',[t],[-3,0]);
[t,s] = ode45('F4',[t],[-2,0]);
x2 = y(:,2)./x(:,2);
x4 = z(:,2)./x(:,2);
Figure (3)
plot(t, xd,'b'), grid, title (' Chained form desired and actual variables
');hold on
plot(t, x(:,1),'--');
plot(t, xd2,'g');
plot(t, x2,'g--');
plot(t,yd,'r');
plot(t,y(:,1),'r--');
plot(t,xd4,'c');
plot(t, x4,'c--');
plot(t, zd,'m');
plot(t, z(:,1),'m--');
plot(t, sd,'y')
plot(t, s(:,1),'y--'); hold off
%%%%%%%%%%%%%%%%%%%%%%%%%%%%%%
% 实际和期望的链式输入的计算 %
%%%%%%%%%%%%%%%%%%%%%%%%%%%%%%
t = [0:0.001:9.999]'; a = 1; w = pi;
[t,x] = ode45('F1',[t],[1,1]);
```

```
[t,y]=ode45('F2',[t],[2,1]);
[t,z]=ode45('F3',[t],[-3,0]);
[t,s]=ode45('F4',[t],[-2,0]);
x2=y(:,2)./x(:,2);
x4=z(:,2)./x(:,2);
%%%实际和期望的链式输入的响应%%%
r1=4+4*t-4*x(:,2)-4*x(:,1);
r2=-4*y(:,2)-4*y(:,1)-a*w*w*sin(w*t)+4*a*w*cos(w*t)+4*a*sin
(w*t);
r3=-4*z(:,2)-4*z(:,1)+4;
u1=x(:,2);
zeta1=u1;
u2=(r2-x2.*r1)./zeta1;
u3=(r3-x4.*r1)./zeta1;
u4=s(:,1);
ud1=1*ones(1,10000);
ud2=-a*w^2*sin(w*t);
ud3=0*ones(1,10000);
ud4=0*ones(1,10000);
Figure(4)
plot(t,ud1,'b'),grid,title('Chained form desired and actual in-
puts');hold on
plot(t,u1,'--');
plot(t,ud2,'g');
plot(t,u2,'g--');
plot(t,ud3,'r');
plot(t,u3,'r--');
plot(t,ud4,'c');
plot(t,u4,'c--');hold off
%%%%%%%%%%%%%%%%%%%%%%%%%%%%%
% 变量x,y,z的跟踪误差的计算%
%%%%%%%%%%%%%%%%%%%%%%%%%%%%%
t=[0:0.001:9.999]';a=1;w=pi;
xd=t;
yd=a*sin(w*t);
```

```
zd=1;
xddot=1;
yddot=a*w*cos(w*t);
y2ddot=-a*w*w*sin(w*t);yd=a*sin(w*t);
den=(sqrt(xddot.*xddot+yddot.*yddot)).*(sqrt(xddot.*xddot+yddot.*
yddot)).*(sqrt(xddot.*xddot+yddot.*yddot));
[t,x]=ode45('F1',[t],[1,1]);
[t,y]=ode45('F2',[t],[2,1]);
[t,z]=ode45('F3',[t],[-3,0]);
%%% 实际变量误差的响应%%%
xe=x(:,1)-xd;
ye=y(:,1)-yd;
ze=z(:,1)-zd';
Figure (5)
plot(t, xe,'b'), grid,title('Error in original state variables, x,y,z
'); grid on
plot(t, ye,'g');
plot(t,ze,'r'); hold off
%%%%%%%%%%%%%%%%%%%%%%%%%%%%%%%%%%
% 变量ψ, θ, ϕ 的跟踪误差的计算 %
%%%%%%%%%%%%%%%%%%%%%%%%%%%%%%%%%%
xd=t;
yd=a*sin(w*t);
zd=1;
sd=0;
xd2=a*w*cos(w*t);
xd4=0*ones(1,10000);
PSId=atan(xd2);
thetad=-atan(xd4'./sec(PSId));
phid=acot(cot(thetad)./sin(PSId)+tan(PSId)./sin(thetad)) ;
xddot=1;
yddot=a*w*cos(w*t);
y2ddot=-a*w*w*sin(w*t);yd=a*sin(w*t);
den=(sqrt(xddot.*xddot+yddot.*yddot)).*(sqrt(xddot.*xddot+yddot.*
yddot)).*(sqrt(xddot.*xddot+yddot.*yddot));
```

```
[t,x] = ode45('F1',[t],[1,1]);
[t,y] = ode45('F2',[t],[2,1]);
[t,z] = ode45('F3',[t],[ -3,0]);
x2 = y(:,2)./x(:,2);
x4 = z(:,2)./x(:,2);
% % % 实际变量 (ψ, θ,ϕ)误差的响应% % %
PSI = atan(x2);
PSIe = PSI - PSId;
theta = - atan(x4./sec(PSI));
thetae = theta - thetad;
phi = acot(cot(theta)./sin(PSI) + tan(PSI)./sin(theta));
phie = phi - phid;
Figure (6)
plot(t, PSIe, 'b');
% , grid, title('Error in original state variables,(psi, theta, phi)');
hold on
[t,x] = ode45('F1',[t],[1,1]);
[t,y] = ode45('F2',[t],[2,1]);
[t,z] = ode45('F3',[t],[ -3,0]);
% % % 实际变量误差的响应 % % %
xe = x(:,1) - xd;
ye = y(:,1) - yd;
ze = z(:,1) - zd';
Figure (5)
plot(t, xe,'b'), grid,title('Error in original state
variables, x,y,z '); grid on
plot(t, ye,'g');
plot(t,ze,'r'); hold off
% % % % % % % % % % % % % % % % % % % % % % % % % % % % % % % % %
% 变量ψ, θ, ϕ 的跟踪误差的计算%
% % % % % % % % % % % % % % % % % % % % % % % % % % % % % % % % %
xd = t;
yd = a*sin(w*t);
zd = 1;
sd = 0;
```

```
xd2 = a*w*cos(w*t);
xd4 = 0*ones(1,10000);
PSId = atan(xd2);
thetad = -atan(xd4'./sec(PSId));
phid = acot(cot(thetad)./sin(PSId) + tan(PSId)./sin(thetad)) ;
xddot = 1;
yddot = a*w*cos(w*t);
y2ddot = -a*w*w*sin(w*t);yd = a*sin(w*t);
den = (sqrt(xddot.*xddot + yddot.*yddot)).*(sqrt(xddot.*xddot + yddot.*
yddot)).*(sqrt(xddot.*xddot + yddot.*yddot));
[t,x] = ode45('F1',[t],[1,1]);
[t,y] = ode45('F2',[t],[2,1]);
[t,z] = ode45('F3',[t],[-3,0]);
x2 = y(:,2)./x(:,2);
x4 = z(:,2)./x(:,2);
%%% 实际变量(psi, theta, phi)误差的响应%%%
PSI = atan(x2);
PSIe = PSI - PSId;
theta = -atan(x4./sec(PSI));
thetae = theta - thetad;
phi = acot(cot(theta)./sin(PSI) + tan(PSI)./sin(theta));
phie = phi - phid;
Figure (6)
plot(t, PSIe, 'b');
%, grid, title('Error in original state variables,(psi, theta, phi)');
hold on
plot(t, thetae,' g')
plot(t, phie,' r'); hold off
%%%%%%%%%%%%%%%%%%%%%%%%%%%%%%%%
% 实际和期望的变量 x, y, z %
%%%%%%%%%%%%%%%%%%%%%%%%%%%%%%%%
t = [0:0.001:9.999]'; a = 1; w = pi;
xd = t;
yd = a*sin(w*t);
zd = 1;
```

```
xddot =1;
yddot =a*w*cos(w*t);
y2ddot = -a*w*w*sin(w*t);yd =a*sin(w*t);
den =(sqrt(xddot.*xddot +yddot.*yddot)).*(sqrt(xddot.*xddot +yddot.*
yddot)).*(sqrt(xddot.*xddot +yddot.*yddot));
[t,x] =ode45('F1',[t],[1,1]);
[t,y] =ode45('F2',[t],[2,1]);
[t,z] =ode45('F3',[t],[ -3,0]);
x2 =y(:,2)./x(:,2);
x4 =z(:,2)./x(:,2);
Figure (7)
plot(t, xd,'b'), grid, title('Original system actual and desired state
variables,(x, y, z)';hold on
plot(t, x(:,1),' - -');
plot(t,yd,'g');
plot(t, y(:,1),'g - -');
plot(t,zd,'r');
plot(t,z(:,1),'r - -'); hold off
%%%%%%%%%%%%%%%%%%%%%%%%%
% 实际和期望的变量ψ, θ, φ %
%%%%%%%%%%%%%%%%%%%%%%%%%
xd =t;
yd =a*sin(w*t);
zd =1;
xddot =1;
yddot =a*w*cos(w*t);
y2ddot = -a*w*w*sin(w*t);yd =a*sin(w*t);
den =(sqrt(xddot.*xddot +yddot.*yddot)).*(sqrt(xddot.*xddot +yddot.*
yddot)).*(sqrt(xddot.*xddot +yddot.*yddot));
xd2 =a*w*cos(w*t);
xd4 =0*ones(1,10000);
PSId =atan(xd2);
thetad = -atan(xd4'./sec(PSId));
phid =acot(cot(thetad)./sin(PSId) +tan(PSId)./sin(thetad)) ; [t,x] =
ode45('F1',[t],[1,1]);
```

```
[t,y] = ode45('F2',[t],[2,1]);
[t,z] = ode45('F3',[t],[ -3,0]);
[t,s] = ode45('F4',[t],[ -2,0]);
x2 = y(:,2)./x(:,2);
x4 = z(:,2)./x(:,2);
PSI = atan(x2);
PSIe = PSI - PSId;
theta = - atan(x4./sec(PSI));
thetae = theta - thetad;
phi = acot(cot(theta)./sin(PSI) + tan(PSI)./sin(theta));
phie = phi - phid;
Figure (8)
plot(t, PSId, 'b');% , grid, title('Original system actual state varia-
bles, (psi, theta, phi) '); hold on
plot(t,PSI,' - -');
plot(t, thetad, 'g')
plot(t,theta,' g - -');
plot(t, phid, 'r');
plot(t, phi,'r - -'); hold off
% % % % % % % % % % % % % % % % % % % % % % %
% 实际输入 v1 的计算%
% % % % % % % % % % % % % % % % % % % % % % %
xd = t;
yd = a* sin(w* t);
zd = 1;
xddot = 1;
yddot = a* w* cos(w* t);
y2ddot = - a* w* w* sin(w* t);yd = a* sin(w* t);
den = (sqrt(xddot.* xddot + yddot.* yddot)).* (sqrt(xddot.* xddot + yddot.*
yddot)).* (sqrt(xddot.* xddot + yddot.* yddot));
[t,x] = ode45('F1',[t],[1,1]);
[t,y] = ode45('F2',[t],[2,1]);
[t,z] = ode45('F3',[t],[ -3,0]);
[t,s] = ode45('F4',[t],[ -2,0]);
x2 = y(:,2)./x(:,2);
```

```
x4 = z(:,2)./x(:,2);
PSI = atan(x2);
theta = -atan(x4./sec(PSI));
phi = acot(cot(theta)./sin(PSI) + tan(PSI)./sin(theta));
%%% 实际控制变量 v1 %%%
r1 = 4 + 4*t - 4*x(:,2) - 4*x(:,1);
r2 = -4*y(:,2) - 4*y(:,1) - a*w*w*sin(w*t) + 4*a*w*cos(w*t) + 4*a*sin
(w*t);
r3 = -4*z(:,2) - 4*z(:,1) + 4;
u1 = x(:,2);
[t,z] = ode45('F3',[t],[-3,0]);
[t,s] = ode45('F4',[t],[-2,0]);
x2 = y(:,2)./x(:,2);
x4 = z(:,2)./x(:,2);
PSI = atan(x2);
PSIe = PSI - PSId;
theta = -atan(x4./sec(PSI));
thetae = theta - thetad;
phi = acot(cot(theta)./sin(PSI) + tan(PSI)./sin(theta));
phie = phi - phid;
Figure (8)
plot(t, PSId, 'b');% , grid, title('Original system
actual state variables, (psi, theta, phi) '); hold on
plot(t,PSI,'--');
plot(t, thetad, 'g')
plot(t,theta,'g--');
plot(t, phid, 'r');
plot(t, phi,'r--'); hold off
%%%%%%%%%%%%%%%%%%%%%%%%%%%%
% 实际输入 v1 的计算%
%%%%%%%%%%%%%%%%%%%%%%%%%%%%
xd = t;
yd = a*sin(w*t);
zd = 1;
xddot = 1;
```

```
yddot = a*w*cos(w*t);
y2ddot = -a*w*w*sin(w*t);yd = a*sin(w*t);
den = (sqrt(xddot.*xddot + yddot.*yddot)).*(sqrt(xddot.*xddot + yddot.*
yddot)).*(sqrt(xddot.*xddot + yddot.*yddot));
[t,x] = ode45('F1',[t],[1,1]);
[t,y] = ode45('F2',[t],[2,1]);
[t,z] = ode45('F3',[t],[-3,0]);
[t,s] = ode45('F4',[t],[-2,0]);
x2 = y(:,2)./x(:,2);
x4 = z(:,2)./x(:,2);
PSI = atan(x2);
theta = -atan(x4./sec(PSI));
phi = acot(cot(theta)./sin(PSI) + tan(PSI)./sin(theta));
%%% 实际控制变量 v1 %%%
r1 = 4 + 4*t - 4*x(:,2) - 4*x(:,1);
r2 = -4*y(:,2) - 4*y(:,1) - a*w*w*sin(w*t) + 4*a*w*cos(w*t) + 4*a*sin
(w*t);
r3 = -4*z(:,2) - 4*z(:,1) + 4;
u1 = x(:,2);
[t,z] = ode45('F3',[t],[-3,0]);
[t,s] = ode45('F4',[t],[-2,0]);
x2 = y(:,2)./x(:,2);
x4 = z(:,2)./x(:,2);
PSI = atan(x2);
PSIe = PSI - PSId;
theta = -atan(x4./sec(PSI));
thetae = theta - thetad;
phi = acot(cot(theta)./sin(PSI) + tan(PSI)./sin(theta));
phie = phi - phid;
Figure (8)
plot(t, PSId, 'b');% , grid, title('Original system
actual state variables, (psi, theta, phi) '); hold on
plot(t,PSI,' - -');
plot(t, thetad, 'g')
plot(t,theta,' g - -');
```

```
plot(t, phid, 'r');
plot(t, phi,'r--'); hold off
%%%%%%%%%%%%%%%%%%%%%%%
% 实际输入 v1 的计算%
%%%%%%%%%%%%%%%%%%%%%%%
xd=t;
yd=a*sin(w*t);
zd=1;
xddot=1;
yddot=a*w*cos(w*t);
y2ddot=-a*w*w*sin(w*t);yd=a*sin(w*t);
den=(sqrt(xddot.*xddot+yddot.*yddot)).*(sqrt(xddot.*xddot+yddot.*
yddot)).*(sqrt(xddot.*xddot+yddot.*yddot));
[t,x]=ode45('F1',[t],[1,1]);
[t,y]=ode45('F2',[t],[2,1]);
[t,z]=ode45('F3',[t],[-3,0]);
[t,s]=ode45('F4',[t],[-2,0]);
x2=y(:,2)./x(:,2);
x4=z(:,2)./x(:,2);
PSI=atan(x2);
theta=-atan(x4./sec(PSI));
phi=acot(cot(theta)./sin(PSI)+tan(PSI)./sin(theta));
%%% 实际控制变量 v1%%%
r1=4+4*t-4*x(:,2)-4*x(:,1);
r2=-4*y(:,2)-4*y(:,1)-a*w*w*sin(w*t)+4*a*w*cos(w*t)+4*a*sin
(w*t);
r3=-4*z(:,2)-4*z(:,1)+4;
u1=x(:,2);
zeta1=u1;
u2=(r2-x2.*r1)./zeta1;
u3=(r3-x4.*r1)./zeta1;
u4=s(:,1);
v1=u1./cos(PSI).*cos(theta);
Figure (9);
plot(t,v1), grid, title( 'original system input1 (v1');
```

```
%%%%%%%%%%%%%%%%%%%%%%%%%%
% 输入v2 的计算 %
%%%%%%%%%%%%%%%%%%%%%%%%%%%
xd=t;
yd=a*sin(w*t);
zd=1;
xddot=1;
yddot=a*w*cos(w*t);
y2ddot=-a*w*w*sin(w*t);yd=a*sin(w*t);
den=(sqrt(xddot.*xddot+yddot.*yddot)).*(sqrt(xddot.*xddot+yddot.*
yddot)).*(sqrt(xddot.*xddot+yddot.*yddot));
[t,x]=ode45('F1',[t],[1,1]);
[t,y]=ode45('F2',[t],[2,1]);
[t,z]=ode45('F3',[t],[-3,0]);
[t,s]=ode45('F4',[t],[-2,0]);
x2=y(:,2)./x(:,2);
x4=z(:,2)./x(:,2);
PSI=atan(x2);
theta=-atan(x4./sec(PSI));
phi=acot(cot(theta)./sin(PSI)+tan(PSI)./sin(theta));
r1=4+4*t-4*x(:,2)-4*x(:,1);
r2=-4*y(:,2)-4*y(:,1)-a*w*w*sin(w*t)+4*a*w*cos(w*t)+4*a*sin
(w*t);
r3=-4*z(:,2)-4*z(:,1)+4;
u1=x(:,2);
zeta1=u1;
u2=(r2-x2.*r1)./zeta1;
u3=(r3-x4.*r1)./zeta1;
u4=s(:,1);
%%% 实际控制变量v2%%%
v1=u1./cos(PSI).*cos(theta);
r11=cos(PSI).*cos(theta);
r23=sin(PSI).*sin(theta).*cos(phi)-cos(PSI).*sin(phi);
r33=cos(theta).*cos(phi);
r22=sin(PSI).*sin(theta).*sin(phi)+cos(PSI).*cos(phi);
```

```
r32 = sin(phi).*cos(theta);
r12 = cos(PSI).*sin(theta).*sin(phi) - sin(PSI).*cos(phi);
r13 = sin(PSI).*sin(theta).*cos(phi) + sin(PSI).*sin(phi);
R = r11 + r22 + r33;
zeta1 = u1;
u2 = (r2 - x2.*r1)./zeta1;
u3 = (r3 - x4.*r1)./zeta1;
u4 = s(:,1);
v1 = u1./cos(PSI).*cos(theta);
Figure (9);
plot(t,v1), grid, title('original system input1 (v1');
% % % % % % % % % % % % % % % % % % % % % % % % % % %
% 输入 v2 的计算 %
% % % % % % % % % % % % % % % % % % % % % % % % % % % %
xd = t;
yd = a*sin(w*t);
zd = 1;
xddot = 1;
yddot = a*w*cos(w*t);
y2ddot = -a*w*w*sin(w*t);yd = a*sin(w*t);
den = (sqrt(xddot.*xddot + yddot.*yddot)).*(sqrt(xddot.*xddo +
yddot.*yddot)).*(sqrt(xddot.*xddot + yddot.*yddot));
[t,x] = ode45('F1',[t],[1,1]);
[t,y] = ode45('F2',[t],[2,1]);
[t,z] = ode45('F3',[t],[-3,0]);
[t,s] = ode45('F4',[t],[-2,0]);
x2 = y(:,2)./x(:,2);
x4 = z(:,2)./x(:,2);
PSI = atan(x2);
theta = -atan(x4./sec(PSI));
phi = acot(cot(theta)./sin(PSI) + tan(PSI)./sin(theta));
r1 = 4 + 4*t - 4*x(:,2) - 4*x(:,1);
r2 = -4*y(:,2) - 4*y(:,1) - a*w*w*sin(w*t) + 4*a*w*cos(w*t) + 4*a*sin
(w*t);
r3 = -4*z(:,2) - 4*z(:,1) + 4;
```

```
u1 = x(:,2);
zeta1 = u1;
u2 = (r2 - x2.*r1)./zeta1;
u3 = (r3 - x4.*r1)./zeta1;
u4 = s(:,1);
%%% 实际控制变量 v2 %%%
v1 = u1./cos(PSI).*cos(theta);
r11 = cos(PSI).*cos(theta);
r23 = sin(PSI).*sin(theta).*cos(phi) - cos(PSI).*sin(phi);
r33 = cos(theta).*cos(phi);
r22 = sin(PSI).*sin(theta).*sin(phi) + cos(PSI).*cos(phi);
r32 = sin(phi).*cos(theta);
r12 = cos(PSI).*sin(theta).*sin(phi) - sin(PSI).*cos(phi);
r13 = sin(PSI).*sin(theta).*cos(phi) + sin(PSI).*sin(phi);
R = r11 + r22 + r33;
R1 = 1 + R;
r11n = 1./(1 + r11);
v3 = r11.*( - r23.*u2 - r33.*u3);
v4 = r11.*(r22.*u2 + r32.*u3);
v2 = r11n.*(R1.*u4 - r12.*v3 - r13.*v4);
Figure (10);
plot (t,v2),grid, title( 'original system input2 (v2');
%%%%%%%%%%%%%%%%%%%%%%%%%%%%
% 输入 v3 的计算 %
%%%%%%%%%%%%%%%%%%%%%%%%%%%%
t = [0:0.001:9.999]';
xddot = 1;
yddot = a*w*cos(w*t);
y2ddot = - a*w*w*sin(w*t);yd = a*sin(w*t);
den = (sqrt(xddot.*xddot + yddot.*yddot)).*(sqrt(xddot.*xddot + yddot.*
yddot)).*(sqrt(xddot.*xddot + yddot.*yddot));
[t,x] = ode45('F1',[t],[1,1]);
[t,y] = ode45('F2',[t],[2,1]);
[t,z] = ode45('F3',[t],[ - 3,0]);
[t,s] = ode45('F4',[t],[ - 2,0]);
```

```
x2 =y(:,2)./x(:,2);
x4 =z(:,2)./x(:,2);
PSI =atan(x2);
theta = -atan(x4./sec(PSI));
phi =acot(cot(theta)./sin(PSI) +tan(PSI)./sin(theta));
r1 =4 +4*t -4*x(:,2) -4*x(:,1);
r2 = -4*y(:,2) -4*y(:,1) -a*w*w*sin(w*t) +4*a*w*cos(w*t) +4*a*sin
(w*t);
r3 = -4*z(:,2) -4*z(:,1) +4;
u1 =x(:,2);
zeta1 =u1;
u2 =(r2 -x2.*r1)./zeta1;
u3 =(r3 -x4.*r1)./zeta1;
u4 =s(:,1);
%%% 实际控制变量 v3 %%%
r11 =cos(PSI).*cos(theta);
r23 =sin(PSI).*sin(theta).*cos(phi) -cos(PSI).*sin(phi);
r33 =cos(theta).*cos(phi);
r22 =sin(PSI).*sin(theta).*sin(phi) +cos(PSI).*cos(phi);
r32 =sin(phi).*cos(theta);
r12 =cos(PSI).*sin(theta).*sin(phi) -sin(PSI).*cos(phi);
r13 =sin(PSI).*sin(theta).*cos(phi) +sin(PSI).*sin(phi);
R =r11 +r22 +r33;
R1 =1 +R;
r11n =1./(1 +r11);
v3 =r11.*( -r23.*u2 -r33.*u3);
R1 =1 +R;
r11n =1./(1 +r11);
v3 =r11.*( -r23.*u2 -r33.*u3);
v4 =r11.*(r22.*u2 +r32.*u3);
v2 =r11n.*(R1.*u4 -r12.*v3 -r13.*v4);
Figure (10);
plot (t,v2),grid, title( 'original system input2 (v2');
%%%%%%%%%%%%%%%%%%%%%%%%
% 输入 v3 的计算 %
```

```
%%%%%%%%%%%%%%%%%%%%%%%%%%
t=[0:0.001:9.999]';
xddot=1;
yddot=a*w*cos(w*t);
y2ddot=-a*w*w*sin(w*t);yd=a*sin(w*t);
den=(sqrt(xddot.*xddot+yddot.*yddot)).*(sqrt(xddot.*xddot+yddot.*
yddot)).*(sqrt(xddot.*xddot+yddot.*yddot));
[t,x]=ode45('F1',[t],[1,1]);
[t,y]=ode45('F2',[t],[2,1]);
[t,z]=ode45('F3',[t],[-3,0]);
[t,s]=ode45('F4',[t],[-2,0]);
x2=y(:,2)./x(:,2);
x4=z(:,2)./x(:,2);
PSI=atan(x2);
theta=-atan(x4./sec(PSI));
phi=acot(cot(theta)./sin(PSI)+tan(PSI)./sin(theta));
r1=4+4*t-4*x(:,2)-4*x(:,1);
r2=-4*y(:,2)-4*y(:,1)-a*w*w*sin(w*t)+4*a*w*cos(w*t)+4*a*sin
(w*t);
r3=-4*z(:,2)-4*z(:,1)+4;
u1=x(:,2);
zeta1=u1;
u2=(r2-x2.*r1)./zeta1;
u3=(r3-x4.*r1)./zeta1;
u4=s(:,1);
%%%实际控制变量v3%%%
r11=cos(PSI).*cos(theta);
r23=sin(PSI).*sin(theta).*cos(phi)-cos(PSI).*sin(phi);
r33=cos(theta).*cos(phi);
r22=sin(PSI).*sin(theta).*sin(phi)+cos(PSI).*cos(phi);
r32=sin(phi).*cos(theta);
r12=cos(PSI).*sin(theta).*sin(phi)-sin(PSI).*cos(phi);
r13=sin(PSI).*sin(theta).*cos(phi)+sin(PSI).*sin(phi);
R=r11+r22+r33;
R1=1+R;
```

```
r11n=1./(1+r11);
v3=r11.*(-r23.*u2-r33.*u3);
Figure(11);
plot(t,v3),grid, title('original system input3 (v3');
%%%%%%%%%%%%%%%%%%%%%%%%%%
% 输入 v4 的计算 %
%%%%%%%%%%%%%%%%%%%%%%%%%%%
t=[0:0.001:9.999]';
[t,x]=ode45('F1',[t],[1,1]);
[t,y]=ode45('F2',[t],[2,1]);
[t,z]=ode45('F3',[t],[-3,0]);
[t,s]=ode45('F4',[t],[-2,0]);
x2=y(:,2)./x(:,2);
x4=z(:,2)./x(:,2);
PSI=atan(x2);
theta=-atan(x4./sec(PSI));
phi=acot(cot(theta)./sin(PSI)+tan(PSI)./sin(theta));
r1=4+4*t-4*x(:,2)-4*x(:,1);
r2=-4*y(:,2)-4*y(:,1)-a*w*w*sin(w*t)+4*a*w*cos(w*t)+4*a*sin
(w*t);
r3=-4*z(:,2)-4*z(:,1)+4;
u1=x(:,2);
zeta1=u1;
u2=(r2-x2.*r1)./zeta1;
u3=(r3-x4.*r1)./zeta1;
u4=s(:,1);
%%% 实际控制变量 v4%%%
r11=cos(PSI).*cos(theta);
r23=sin(PSI).*sin(theta).*cos(phi)-cos(PSI).*sin(phi);
r33=cos(theta).*cos(phi);
r22=sin(PSI).*sin(theta).*sin(phi)+cos(PSI).*cos(phi);
r32=sin(phi).*cos(theta);
r12=cos(PSI).*sin(theta).*sin(phi)-sin(PSI).*cos(phi);
r13=sin(PSI).*sin(theta).*cos(phi)+sin(PSI).*sin(phi);
R=r11+r22+r33;
```

```
R1 =1 +R;
r11n =1./(1 +r11);
v4 =r11.*(r22.*u2 +r32.*u3);
Figure (12);
plot(t,v4),grid, title('original system input4 (v4');
```

4.5 点对点镇定

接下来的章节将介绍点对点镇定问题。假设系统不需要设计轨迹,就能从起始点到达最终的期望配置。如前所述,点镇定不能通过光滑时不变反馈实现,所以本节将采取非光滑或时变反馈。

4.5.1 光滑时变反馈控制

文献[7]中给出了这种稳定控制器的设计方法,它针对的是两输入的非完整系统,而控制器也进行了同样的扩展。它告诉我们:给定一个如式(3.11)所示的非线性无漂移控制系统

$$\dot{\boldsymbol{q}} = g_1(\boldsymbol{q})v_1 + g_2(\boldsymbol{q})v_2 + g_3(\boldsymbol{q})v_3 + g_4(\boldsymbol{q})v_4 \tag{4.33}$$

必须找到一个形如 $v(\boldsymbol{q},t)$ 的控制器使初始状态全局稳定。文献[7]中还指出,当控制系统(式4.33)的原点表示成幂形式时是稳定的。因此,在进行控制设计之前,必须将式(4.33)转换成幂形式。

4.5.2 幂形式

文献[24]中提出了将式(4.33)转换成幂形式的方法。该转换由两个步骤完成,第一步如3.3节所述,将原始系统转换成如下的链式形式为

$$\begin{aligned}
\dot{x}_1 &= x_1^0 = u_1 \\
\dot{x}_2 &= x_2^0 = u_2 \\
\dot{x}_4 &= x_3^0 = u_3 \\
\dot{x}_6 &= x_4^0 = u_4 \\
\dot{x}_3 &= x_{20}^0 = x_2 u_1 \\
\dot{x}_5 &= x_{31}^0 = x_4 u_1
\end{aligned} \tag{4.34}$$

第二步将式(4.34)中链式系统转换成幂形式,由下式给出[24]:

$$y_j = x_j^0; 1 \leqslant j \leqslant 4$$

$$z_{j0}^k = (-1)^k x_{j0}^k + \sum_{n=0}^{k-1} (-1)^n \frac{1}{(k-n)!} (x_1^0)^{k-n} x_{j0}^n; 2 \leqslant j \leqslant 4; 1 \leqslant k \leqslant n_j \tag{4.35}$$

这里给出幂形式为

$$\begin{aligned} \dot{y}_j &= u_j; 1 \leqslant j \leqslant 4 \\ \dot{z}_{j0}^k &= \frac{1}{k!}(y_1)^k u_j; 2 \leqslant j \leqslant 4; 1 \leqslant k \leqslant n_j \end{aligned} \tag{4.36}$$

其中,定义 $x_{j0}^0 = x_j^0$ 为链首,且 $\sum_n^4 n_j = 2$ 。因此,有 $n_2 = n_3 = 1$ 和 $n_4 = 0$。并利用式(4.34)将式(4.35)转换为

$$\begin{cases} y_1 = x_1 \\ y_2 = x_2 \\ y_3 = x_4 \\ y_4 = x_6 \\ z_1 = z_{20}^1 = -x_3 + x_1 x_2 \\ z_2 = z_{30}^1 = -x_5 + x_1 x_4 \\ z_3 = z_{40}^0 = x_6 \end{cases} \tag{4.37}$$

相应的幂形式为

$$\begin{cases} \dot{y}_1 = u_1 \\ \dot{y}_2 = u_2 \\ \dot{y}_3 = u_3 \\ \dot{y}_4 = u_4 \\ \dot{z}_{20}^1 = y_1 u_2 \\ \dot{z}_{30}^1 = y_1 u_3 \\ \dot{z}_{40}^0 = u_4 \end{cases} \tag{4.38}$$

4.5.3 光滑时变反馈控制设计

参考文献[1],给出式(4.38)的光滑时变反馈控制器如下:

$$
\begin{cases}
u_1 = -y_1 + \sigma(\rho(z))(\cos t - \sin t) \\
u_2 = -y_2 + c_1 z_1 \cos t \\
u_3 = -y_3 + c_2 z_2 \cos t \\
u_4 = -y_4
\end{cases}
\tag{4.39}
$$

其中，$c_1, c_2 > 0, \rho(z) = (z_1)^2 + (z_2)^2 + (z_3)^2$。式(4.39)所示的控制器使式(4.38)的初始状态渐近稳定。此处在控制器中引入饱和函数，消除了初始状态的不稳定性。控制器可写为

$$
\begin{cases}
u_1 = -y_1 + \sigma(\rho(z))(\cos t - \sin t) \\
u_2 = -y_2 + c_1 \sigma(z_1) \cos t \\
u_3 = -y_3 + c_2 \sigma(z_2) \cos t \\
u_4 = -y_4
\end{cases}
\tag{4.40}
$$

这里 $c_j > 0$ 且 $\sigma: \boldsymbol{R} \to \boldsymbol{R}$ 是一个非递减 $\boldsymbol{C}^3$ 饱和函数，量级远小于任何 $\delta > 0$，且在 $(-\delta, \delta)$ 之间是线性的。要满足全局稳定，δ 应该足够小。那么饱和函数满足以下条件：

(1) 当 $|z| \leqslant \varepsilon$ 时，$\sigma(z) = z$；

(2) 对所有 z 都满足当 $0 < \varepsilon < \delta$ 时，$|\sigma(z)| \leqslant \delta$。

则闭环动力学方程为

$$
\begin{cases}
\dot{y}_1 = -y_1 + \sigma(\rho(z))(\cos t - \sin t) \\
\dot{y}_2 = -y_2 + c_1 \sigma(z_1) \cos t \\
\dot{y}_3 = -y_3 + c_2 \sigma(z_2) \cos t \\
\dot{y}_4 = -y_4 \\
\dot{z}_1 = -y_1 y_2 + y_1 c_1 \sigma(z_1) \cos t \\
\dot{z}_2 = -y_1 y_3 + y_1 c_2 \sigma(z_2) \cos t
\end{cases}
\tag{4.41}
$$

对于 $0 < \varepsilon < \delta$，存在 δ_0，当 $\varepsilon < \varepsilon_0$ 时，使得闭环动力学系统全局渐近稳定至零。

4.5.4 控制器仿真

δ 值选为 0.5，饱和函数 $\sigma(\rho(z))$，$\sigma(z_1)$ 和 $\sigma(z_2)$ 分别为 0.26，0.5 和 0.1。常数 c_1 和 c_2 都选为 2。y_1, y_2, y_3 和 y_4 的初值分别选为 −5，−2，−7 和 −5。仿真结果由图 4.25 ~ 图 4.34 给出。

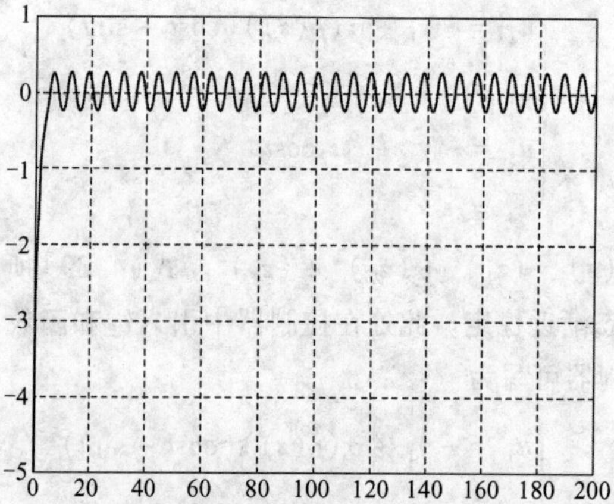

图 4.25　使用时变反馈的点镇定:x(m)随时间(s)的变化曲线

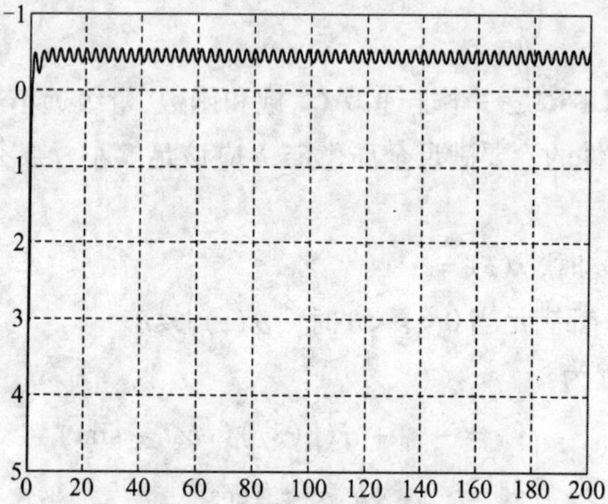

图 4.26　使用时变反馈的点镇定:y(rad)随时间(s)的变化曲线

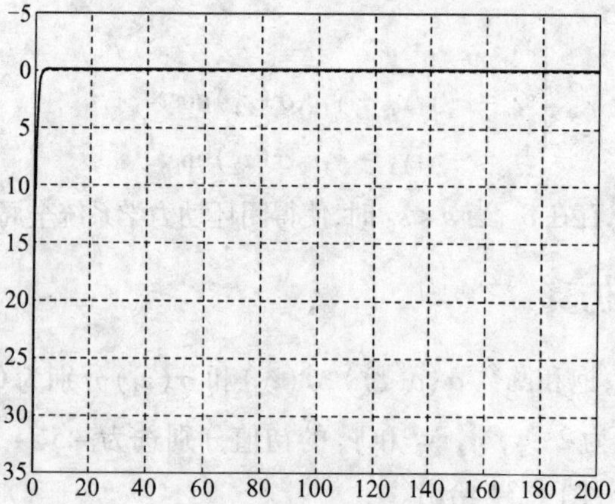

图 4.27　使用时变反馈的点镇定:z(m)随时间(s)的变化曲线

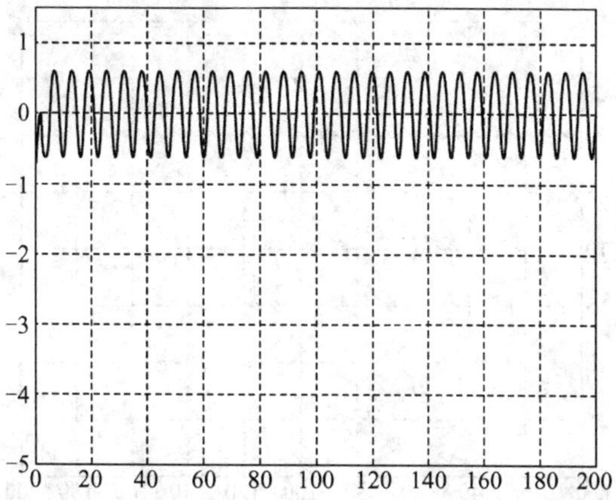

图 4.28　使用时变反馈的点镇定：ψ(rad)随时间(s)的变化曲线

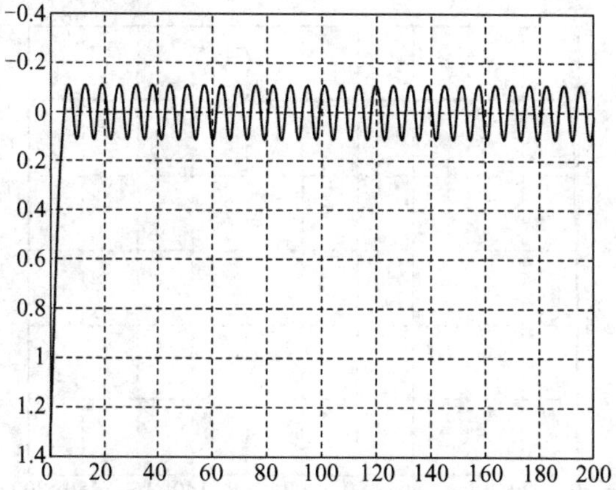

图 4.29　使用时变反馈的点镇定：θ(rad)随时间(s)的变化曲线

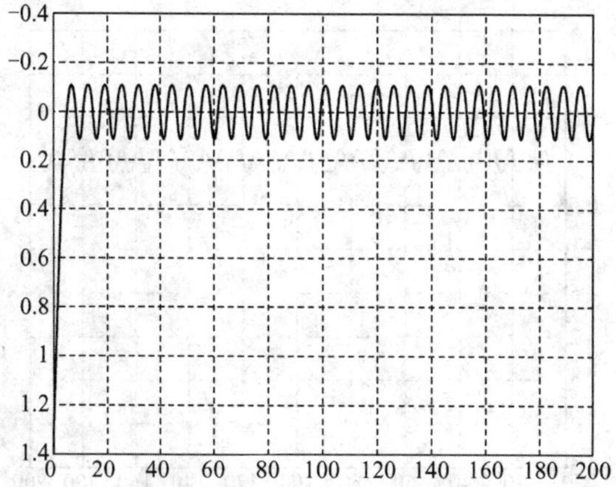

图 4.30　使用时变反馈的点镇定：ϕ(rad)随时间(s)的变化曲线

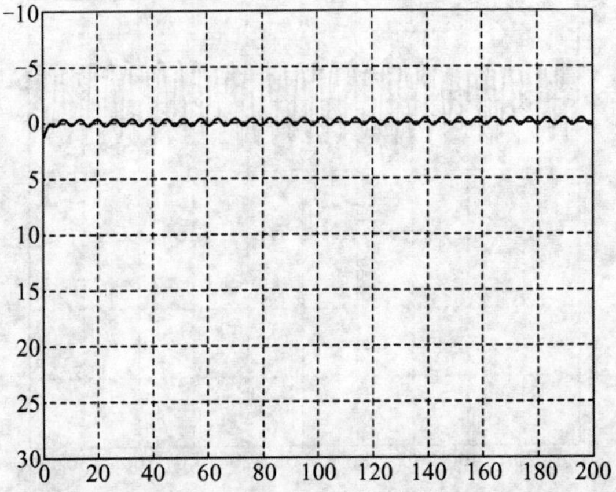

图 4.31　使用时变反馈的点镇定：v_1（m/s）随时间（s）的变化曲线

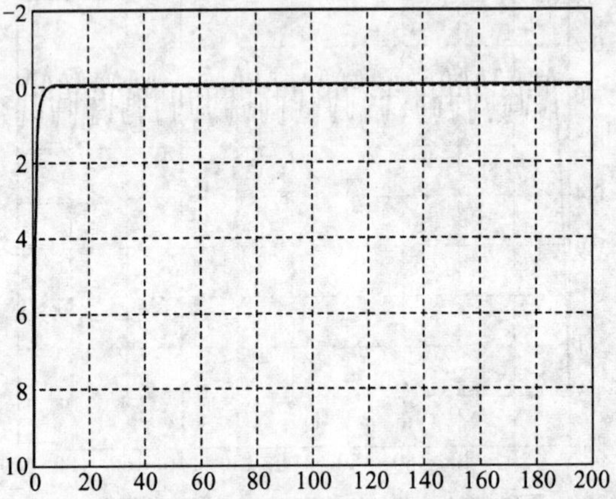

图 4.32　使用时变反馈的点镇定：v_2（m/s）随时间（s）的变化曲线

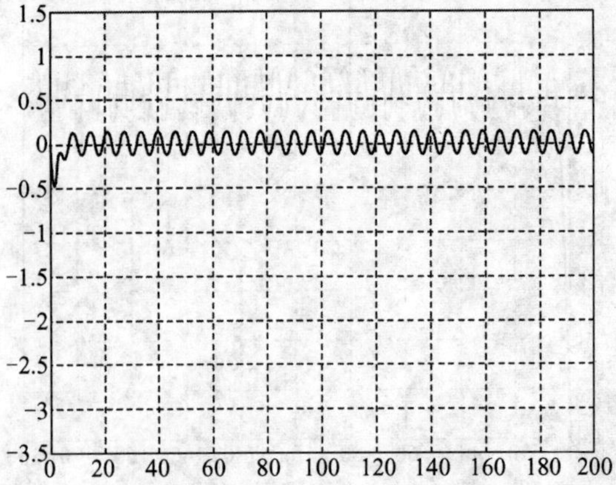

图 4.33　使用时变反馈的点镇定：v_3（rad/s）随时间（s）的变化曲线

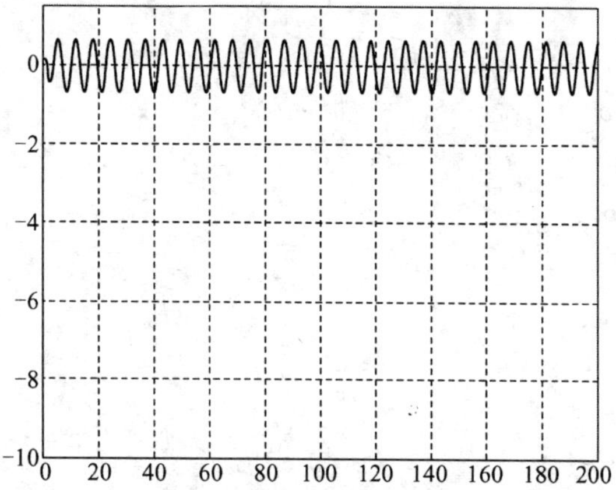

图 4.34 使用时变反馈的点镇定：v_4(rad/s)随时间(s)的变化曲线

4.5.5 点镇定的 MATLAB 程序代码

```
%%%%%%%%%%%%%%%%%%%%%%%%%%%%%%%%%%%%%%%
% 点镇定反馈控制器%
%%%%%%%%%%%%%%%%%%%%%%%%%%%%%%%%%%%%%%%%
t =[0:0.01:120]; a =1; w =pi;
x =t;
xddot =1;
yd =a*sin(w*t);
zd =1*ones(1,1001);
yddot =a*w*cos(w*t);
y2ddot = -a*w*w*sin(w*t);yd =a*sin(w*t);
den =(sqrt(xddot.*xddot +yddot.*yddot)).*(sqrt(xddot.*xddo
t +yddot.*yddot)).*(sqrt(xddot.*xddot +yddot.*yddot));
          [t,y1] =ode45('yp1',[t], -5);
          [t,y2] =ode45('yp2',[t], -2);
          [t,y3] =ode45('yp3',[t], -7);
          [t,y4] =ode45('yp4',[t], -5);
x1 =y1;
x2 =y2;
x3 =y1.*y2 -0.5;
x4 =y3;
x5 =y1.*y3 -0.1;
```

```
x6 =y4;
%%%%%%%%%%%%%%%%%%%%%%%%%%%%
% MATLAB 函数'yp1','yp2','yp3'和'yp4'%
%%%%%%%%%%%%%%%%%%%%%%%%%%%%
function y1 = yp1(t,y) %%% 函数'yp1'
a =1; w =pi;
y1 = zeros(3,1);
y (1) =y(2);
y (2) =y(3);
y (3) = -15*y(3) -75*y(2) -125*y(1) +75*a*w*cos(w*t) -
15*a*w*w*sin(w*t) -a*w*w*w*cos(w*t) +125*a*sin(w*t);
function y2 = yp2(t,y) %%% 函数'yp2'
a =1; w =pi;
y2 = zeros(3,1);
y (1) =y(2);
y (2) =y(3);
y (3) = -15*y(3) - 4*y(2) -4*y(1) +a*w*sin(w*t) +4*a*w*cos(w*t)
 +4*a*sin(w*t);
function y3 = yp2(t,y) %%% 函数'yp3'
a =1; w =pi;
y3 = zeros(3,1);
y (1) =y(2);
y (2) =y(3);
y (3) = -4*y(3) -12*y(2) -4*y(1) + 4*t +15*a*w*w*sin(w*t) -
a*w*w*w*cos(w*t) +125*a*sin(w*t);
function y4 = yp4(t,y) %%% 函数'yp4'
a =1; w =pi;
y4 = zeros(3,1);
y (1) =y(2);
y (2) =y(3);
y (3) = -10*y(3) -12*y(2) -130*y(1) + a*w*sin(w*t) +
a*w*w*sin(w*t) -a*w*w*w*cos(w*t) +75*a*sin(w*t);
%%%%%%%%%%%%%%%%%%%%%%%%%%%%%%%%%%%%%%%%%
% 'x'位置变量的稳定%
%%%%%%%%%%%%%%%%%%%%%%%%%%%%%%%%%%%%%%%%%
```

```
t=[0:0.01:120]; a=1; w=pi;
yddot=a*w*cos(w*t);
y2ddot=-a*w*w*sin(w*t);yd=a*sin(w*t);
den=(sqrt(xddot.*xddot+yddot.*yddot)).*(sqrt(xddot.*xddo
t+yddot.*yddot)).*(sqrt(xddot.*xddot+yddot.*yddot));
[t,y1]=ode45('yp1',[t],-5);
[t,y2]=ode45('yp2',[t],-2);
[t,y3]=ode45('yp3',[t],-7);
[t,y4]=ode45('yp4',[t],-5);
% % % 对变量x的响应% % %
x=y1;
y=y1.*y2-0.5;
z=y1.*y3-0.1;
Figure(1)
plot(t, x), grid, title(' Stabilization of 'x' variable')
%%%%%%%%%%%%%%%%%%%%%%%%%%%%%%%%%%%%%%
% 'y'位置变量的稳定%
%%%%%%%%%%%%%%%%%%%%%%%%%%%%%%%%%%%%%%
t=[0:0.01:120]; a=1; w=pi;
x=t;
xddot=1;
yd=a*sin(w*t);
zd=1*ones(1,1001);
yddot=a*w*cos(w*t);
y2ddot=-a*w*w*sin(w*t);yd=a*sin(w*t);
den=(sqrt(xddot.*xddot+yddot.*yddot)).*(sqrt(xddot.*xddo
t+yddot.*yddot)).*(sqrt(xddot.*xddot+yddot.*yddot));
[t,y1]=ode45('yp1',[t],-5);
[t,y2]=ode45('yp2',[t],-2);
[t,y3]=ode45('yp3',[t],-7);
[t,y4]=ode45('yp4',[t],-5);
% % % ;'y'变量的响应% % %
x=y1;
y=y1.*y2-0.5;
z=y1.*y3-0.1;
```

```
Figure(2)
plot(t, y), grid, title(' Stabilization of 'y' variable')
%%%%%%%%%%%%%%%%%%%%%%%%%
% 'z'位置变量的稳定%
%%%%%%%%%%%%%%%%%%%%%%%%%
t=[0:0.01:120]; a=1; w=pi;
x=t;
xddot=1;
yd=a*sin(w*t);
zd=1*ones(1,1001);
yddot=a*w*cos(w*t);
y2ddot=-a*w*w*sin(w*t);yd=a*sin(w*t);
den=(sqrt(xddot.*xddot+yddot.*yddot)).*(sqrt(xddot.*xddo
t+yddot.*yddot)).*(sqrt(xddot.*xddot+yddot.*yddot));
[t,y1]=ode45('yp1',[t],-5);
[t,y2]=ode45('yp2',[t],-2);
[t,y3]=ode45('yp3',[t],-7);
[t,y4]=ode45('yp4',[t],-5);
% %% 'z'变量的响应%%%
x=y1;
y=y1.*y2-0.5;
z=y1.*y3-0.1;
Figure(3)
plot(t, z), grid, title(' Stabilization of 'z'
variable')
%%%%%%%%%%%%%%%%%%%%%%%%%
% 'ψ'位置变量的镇定%
%%%%%%%%%%%%%%%%%%%%%%%%%
t=[0:0.01:120]; a=1; w=pi;
xd=t;
yd=a*sin(w*t);
zd=1;
xd2=a*w*cos(w*t);
xd4=0*ones(1,10000);
PSId=atan(xd2);
```

```
thetad = -atan(xd4'./sec(PSId));
phid = acot(cot(thetad)./sin(PSId) + tan(PSId)./sin(thetad)) ;
xddot = 1;
yddot = a*w*cos(w*t);
y2ddot = -a*w*w*sin(w*t);yd = a*sin(w*t);
den = (sqrt(xddot.*xddot + yddot.*yddot)).*(sqrt(xddot.*xddo
t + yddot.*yddot)).*(sqrt(xddot.*xddot + yddot.*yddot));
[t,y1] = ode45('yp1',[t],-5);
[t,y2] = ode45('yp2',[t],-2);
[t,y3] = ode45('yp3',[t],-7);
[t,y4] = ode45('yp4',[t],-5);
x1 = y1;
x2 = y2;
x3 = y1.*y2 - 0.5;
x4 = y3;
x5 = y1.*y3 - 0.1;
x6 = y4;
%%%'PSI'变量的响应%%%
PSI = atan(x2);
Figure(4)
plot(t, PSI), grid, title('Stabilization of 'psi'
variable')
%%%%%%%%%%%%%%%%%%%%%%%%%
%'θ'位置变量的稳定%
%%%%%%%%%%%%%%%%%%%%%%%%%
t = [0:0.01:120]; a = 1; w = pi;
xd = t;
yd = a*sin(w*t);
zd = 1;
xd2 = a*w*cos(w*t);
xd4 = 0*ones(1,10000);
PSId = atan(xd2);
thetad = -atan(xd4'./sec(PSId));
phid = acot(cot(thetad)./sin(PSId) + tan(PSId)./sin(thetad)) ;
xddot = 1;
yddot = a*w*cos(w*t);
```

```
y2ddot = -a*w*w*sin(w*t);yd = a*sin(w*t);
den = (sqrt(xddot.*xddot +yddot.*yddot)).*(sqrt(xddot.*xddo
t +yddot.*yddot)).*(sqrt(xddot.*xddot +yddot.*yddot));
[t,y1] = ode45('yp1',[t], -5);
[t,y2] = ode45('yp2',[t], -2);
[t,y3] = ode45('yp3',[t], -7);
[t,y4] = ode45('yp4',[t], -5);
x1 = y1;
x2 = y2;
x3 = y1.*y2 -0.5;
x4 = y3;
x5 = y1.*y3 -0.1;
x6 = y4;
% % % 'Theta'变量的响应% % %
PSI = atan(x2);
theta = -atan(x4./sec(PSI));
Figure(5)
plot(t, theta), grid, title('Stabilization of 'theta'
variable')
%%%%%%%%%%%%%%%%%%%%%%%%%
% 'ϕ'位置变量的稳定%
%%%%%%%%%%%%%%%%%%%%%%%%%
t = [0:0.01:120]; a = 1; w = pi;
xd = t;
yd = a*sin(w*t);
zd = 1;
xd2 = a*w*cos(w*t);
xd4 = 0*ones(1,10000);
PSId = atan(xd2);
thetad = -atan(xd4'./sec(PSId));
phid = acot(cot(thetad)./sin(PSId) + tan(PSId)./sin(thetad)) ;
xddot = 1;
yddot = a*w*cos(w*t);
y2ddot = -a*w*w*sin(w*t);yd = a*sin(w*t);
den = (sqrt(xddot.*xddot +yddot.*yddot)).*(sqrt(xddot.*xddo
t +yddot.*yddot)).*(sqrt(xddot.*xddot +yddot.*yddot));
[t,y1] = ode45('yp1',[t], -5);
[t,y2] = ode45('yp2',[t], -2);
```

```
[t,y3]=ode45('yp3',[t],-7);
[t,y4]=ode45('yp4',[t],-5);
x1=y1;
x2=y2;
x3=y1.*y2-0.5;
x4=y3;
x5=y1.*y3-0.1;
x6=y4;
%%%'phi'变量的响应%%%
PSI=atan(x2);
theta=-atan(x4./sec(PSI));
phi=acot(cot(theta)./sin(PSI)+tan(PSI)./sin(theta));
Figure(6)
plot(t, phi), grid, title('Stabilization of 'phi'
variable')
%%%%%%%%%%%%%%%%%%%%%%
%实际输入 v1 的稳定%
%%%%%%%%%%%%%%%%%%%%%%
t=[0:0.01:120]; a=1; w=pi;
xd=t;
zd=1;
xd2=a*w*cos(w*t);
xd4=0*ones(1,10000);
PSId=atan(xd2);
thetad=-atan(xd4'./sec(PSId));
phid=acot(cot(thetad)./sin(PSId)+tan(PSId)./sin(thetad));
xddot=1;
yd=a*sin(w*t);
yddot=a*w*cos(w*t);
y2ddot=-a*w*w*sin(w*t);yd=a*sin(w*t);
den=(sqrt(xddot.*xddot+yddot.*yddot)).*(sqrt(xddot.*xddo
t+yddot.*yddot)).*(sqrt(xddot.*xddot+yddot.*yddot));
[t,y1]=ode45('yp1',[t],-5);
[t,y2]=ode45('yp2',[t],-2);
[t,y3]=ode45('yp3',[t],-7);
```

```
[t,y4] =ode45('yp4',[t], -5);
x1 =y1;
x2 =y2;
x3 =y1.*y2 -0.5;
x4 =y3;
x5 =y1.*y3 -0.1;
x6 =y4;
PSI =atan(x2);
theta= -atan(x4./sec(PSI));
%%% 实际控制变量 v1%%%
u1 = -y1 +0.26*(cos(t) -sin(t));
u2 = -y2 +2*0.5*(cos(t));
u3 = -y3 +2*0.1*(cos(t));
u4 = -y4;
v1 =u1./cos(PSI).*cos(theta);
Figure (7);
plot(t,v1), grid, title( 'original system input1 (v1));
%%%%%%%%%%%%%%%%%%%%%%%%%%%
% 输入 v2 的稳定%
%%%%%%%%%%%%%%%%%%%%%%%%%%%%
t =[0:0.01:120]; a =1; w =pi;
xd =t;
xddot =1;
yd =a*sin(w*t);
zd =1*ones(1,1001);
yddot =a*w*cos(w*t);
y2ddot = -a*w*w*sin(w*t);yd =a*sin(w*t);
den =(sqrt(xddot.*xddot +yddot.*yddot)).*(sqrt(xddot.*xddo
t +yddot.*yddot)).*(sqrt(xddot.*xddot +yddot.*yddot));
[t,y1] =ode45('yp1',[t], -5);
[t,y2] =ode45('yp2',[t], -2);
[t,y3] =ode45('yp3',[t], -7);
```

```
[t,y4]=ode45('yp4',[t],-5);
x1=y1;
x2=y2;
x3=y1.*y2-0.5;
x4=y3;
x5=y1.*y3-0.1;
x6=y4;
PSI=atan(x2);
theta=-atan(x4./sec(PSI));
u1=-y1+0.26*(cos(t)-sin(t));
u2=-y2+2*0.5*(cos(t));
u3=-y3+2*0.1*(cos(t));
u4=-y4;
%%%实际控制变量v2%%%
r11=cos(PSI).*cos(theta);
r23=sin(PSI).*sin(theta).*cos(phi)-cos(PSI).*sin(phi);
r33=cos(theta).*cos(phi);
r22=sin(PSI).*sin(theta).*sin(phi)+cos(PSI).*cos(phi);
r32=sin(phi).*cos(theta);
r12=cos(PSI).*sin(theta).*sin(phi)-sin(PSI).*cos(phi);
r13=sin(PSI).*sin(theta).*cos(phi)+sin(PSI).*sin(phi);
R=r11+r22+r33;
R1=1+R;
r11n=1./(1+r11);
v3=r11.*(-r23.*u2-r33.*u3);
v4=r11.*(r22.*u2+r32.*u3);
v2=r11n.*(R1.*u4-r12.*v3-r13.*v4);
Figure (8);
plot (t,v2),grid, title('original system input2 (v2');
%%%%%%%%%%%%%%%%%%%%%%%%%%%
%输入v3的稳定%
%%%%%%%%%%%%%%%%%%%%%%%%%%%
```

```
t=[0:0.01:120]; a=1; w=pi;
xd=t;
yd=a*sin(w*t);
xddot=1;
zd=1*ones(1,1001);
yddot=a*w*cos(w*t);
y2ddot=-a*w*w*sin(w*t);yd=a*sin(w*t);
den=(sqrt(xddot.*xddot+yddot.*yddot)).*(sqrt(xddot.*xddo
t+yddot.*yddot)).*(sqrt(xddot.*xddot+yddot.*yddot));
[t,y1]=ode45('yp1',[t],-5);
[t,y2]=ode45('yp2',[t],-2);
[t,y3]=ode45('yp3',[t],-7);
[t,y4]=ode45('yp4',[t],-5);
x1=y1;
x2=y2;
x3=y1.*y2-0.5;
x4=y3;
x5=y1.*y3-0.1;
x6=y4;
PSI=atan(x2);
theta=-atan(x4./sec(PSI));
u1=-y1+0.26*(cos(t)-sin(t));
u2=-y2+2*0.5*(cos(t));
u3=-y3+2*0.1*(cos(t));
u4=-y4;
%%%实际控制变量v3%%%
r11=cos(PSI).*cos(theta);
r23=sin(PSI).*sin(theta).*cos(phi)-cos(PSI).*sin(phi);
r33=cos(theta).*cos(phi);
r22=sin(PSI).*sin(theta).*sin(phi)+cos(PSI).*cos(phi);
r32=sin(phi).*cos(theta);
r12=cos(PSI).*sin(theta).*sin(phi)-sin(PSI).*cos(phi);
```

```
r13 = sin(PSI).*sin(theta).*cos(phi) + sin(PSI).*sin(phi);
R = r11 + r22 + r33;
R1 = 1 + R;
r11n = 1./(1 + r11);
v3 = r11.*( - r23.*u2 - r33.*u3);
Figure (9);
plot (t,v3),grid, title( 'original system input2 (v3)');
%%%%%%%%%%%%%%%%%%%%%%%%%%
% 输入 v4 的稳定%
%%%%%%%%%%%%%%%%%%%%%%%%%%%
t = [0:0.01:120]; a = 1; w = pi;
xddot = 1;
yddot = a*w*cos(w*t);
y2ddot = - a*w*w*sin(w*t);yd = a*sin(w*t);
den = (sqrt(xddot.*xddot + yddot.*yddot)).*(sqrt(xddot.*xddo
t + yddot.*yddot)).*(sqrt(xddot.*xddot + yddot.*yddot));
[t,y1] = ode45('yp1',[t], -5);
[t,y2] = ode45('yp2',[t], -2);
[t,y3] = ode45('yp3',[t], -7);
[t,y4] = ode45('yp4',[t], -5);
x1 = y1;
x2 = y2;
x3 = y1.*y2 - 0.5;
x4 = y3;
x5 = y1.*y3 - 0.1;
x6 = y4;
PSI = atan(x2);
theta = - atan(x4./sec(PSI));
u1 = - y1 + 0.26*(cos(t) - sin(t));
u2 = - y2 + 2*0.5*(cos(t));
u3 = - y3 + 2*0.1*(cos(t));
u4 = - y4;
```

```
% % % 实际控制变量 v4 % % %
r11 = cos(PSI).*cos(theta);
r23 = sin(PSI).*sin(theta).*cos(phi) - cos(PSI).*sin(phi);
r33 = cos(theta).*cos(phi);
r22 = sin(PSI).*sin(theta).*sin(phi) + cos(PSI).*cos(phi);
r32 = sin(phi).*cos(theta);
r12 = cos(PSI).*sin(theta).*sin(phi) - sin(PSI).*cos(phi);
r13 = sin(PSI).*sin(theta).*cos(phi) + sin(PSI).*sin(phi);
R = r11 + r22 + r33;
R1 = 1 + R;
r11n = 1./(1 + r11);
v4 = r11.*(r22.*u2 + r32.*u3);
Figure (10);
plot (t,v4),grid, title( 'original system input2 (v4)');
```

第5章 基于动力学模型的控制设计

本章将针对运动规划任务介绍水下航行器的动力学模型,并利用幂形式对系统进行控制设计。

5.1 动力学建模

本节将简要地介绍水下航行器的动力学模型。流线型水下航行器的三维运动方程可以用载体固联坐标系和全局坐标系来建立。载体固联坐标系的运动由六个速度分量组成如下:

$$\boldsymbol{v} = [v_x, v_y, v_z, \omega_x, \omega_y, \omega_z]^{\mathrm{T}} \tag{5.1}$$

且这六个速度分量是相对于以洋流速度 $\boldsymbol{v}_c$ 运动的恒定速度坐标系的。相对速度为 $\boldsymbol{v}_r = \boldsymbol{v} - \boldsymbol{v}_c(q)$,洋流速度为零时,$\boldsymbol{v}_r = \boldsymbol{v}$。全局坐标系的运动由六个位置分量组成如下:

$$\boldsymbol{q} = [\boldsymbol{p} \quad \boldsymbol{\eta}]^{\mathrm{T}} = [x, y, z, \phi, \theta, \psi]^{\mathrm{T}} \tag{5.2}$$

因此,航行器的运动可以由十二个非线性系统方程[27]描述为

$$\begin{aligned} \boldsymbol{M}(t)\dot{\boldsymbol{v}} &= f(\boldsymbol{v}(t), \boldsymbol{q}(t), \boldsymbol{c}(t)) + \boldsymbol{g}(\boldsymbol{v}(t), \boldsymbol{q}(t), \boldsymbol{u}_c(t)) \\ \dot{\boldsymbol{q}} &= h(\boldsymbol{v}(t), \boldsymbol{q}(t), \boldsymbol{v}_c) \end{aligned} \tag{5.3}$$

矩阵 $\boldsymbol{M}(t)$ 是一个耦合质量矩阵,它包括机械和液压动力附加的质量;函数 f 和 g 是航行器受力运动的映像,包括库伦力、引力、离心力;在载体固联坐标系中,流体静力学和流体动力学的力和力矩均作用在航行器上,系数为 c;运动依赖于操控界面、推进器和所有的压舱;函数 h 包括了建立在载体固联坐标系、全局坐标系之间坐标转换基础上的运动学关系和恒定洋流 $\boldsymbol{v}_c$。一般而言,向量 $\boldsymbol{u}_c(t)$ 是由操控界面、螺旋桨速度、推进力以及浮力调整组成的控制输入向量。运动方程可以简化成:

$$\begin{aligned} \boldsymbol{M}\dot{\boldsymbol{v}} + \boldsymbol{C}(\boldsymbol{v})\boldsymbol{v} + \boldsymbol{D}(\boldsymbol{v})\boldsymbol{v} + \boldsymbol{g}(\boldsymbol{q}) &= \boldsymbol{\omega}(\boldsymbol{\phi}) + \boldsymbol{b}(\boldsymbol{v}, \boldsymbol{u}) \\ \dot{\boldsymbol{q}} &= \boldsymbol{G}(\boldsymbol{q})\boldsymbol{v} \end{aligned} \tag{5.4}$$

其中，$\boldsymbol{M}$ 是惯性质量，包括流体动力学有效惯性质量和附加质量；由于有离心力和库伦力的存在，$\boldsymbol{C}(\boldsymbol{v})$ 中包含有非线性力和力矩；$\boldsymbol{D}(\boldsymbol{v})$ 是航行器的阻尼矩阵，其中势流阻尼和粘性效应是耦合在一起的；$\boldsymbol{g}(\boldsymbol{q})$ 是一个包含有航行器的重力项和浮力恢复项的向量；$\boldsymbol{\omega}(\boldsymbol{\phi})$ 是海浪和洋流的干扰向量；$\boldsymbol{b}(\boldsymbol{v},\boldsymbol{u})$ 是一个包含航行器推进力、控制力和力矩的向量。在第 6 章将会考虑干扰影响，进而研究鲁棒控制。本章给出忽略干扰影响下的动力学模型：

$$\begin{aligned} \boldsymbol{M}\dot{\boldsymbol{v}} + \boldsymbol{C}(\boldsymbol{v})\boldsymbol{v} + \boldsymbol{D}(\boldsymbol{v})\boldsymbol{v} + \boldsymbol{g}(\boldsymbol{q}) &= \boldsymbol{u}_c \\ \dot{\boldsymbol{q}} &= \boldsymbol{G}(\boldsymbol{q})\boldsymbol{v} \end{aligned} \tag{5.5}$$

其中控制向量定义为 $\boldsymbol{u}_c = \boldsymbol{b}(\boldsymbol{v},\boldsymbol{u})$，$\dot{\boldsymbol{q}} = \boldsymbol{G}(\boldsymbol{q})\boldsymbol{v}$，为第 3 章中推导的运动学模型，由式(3.13)给出。矩阵 $\boldsymbol{G}(\boldsymbol{q})$ 由式(3.12)给出。不失一般性，式(5.4)可以简化为

$$\begin{aligned} \boldsymbol{M}\dot{\boldsymbol{v}} &= f(\boldsymbol{v},\boldsymbol{q}) + \boldsymbol{u}_c \\ \dot{\boldsymbol{q}} &= \boldsymbol{G}(\boldsymbol{q})\boldsymbol{v} \end{aligned} \tag{5.6}$$

5.2 点镇定控制设计

下面的章节将介绍点镇定问题的控制设计。假设系统从起始点到终点不需要设计轨迹，控制设计任务是为了确保向量 $\boldsymbol{q}(\boldsymbol{v})$ 和 $\boldsymbol{v}(t)$ 的全局渐近稳定。本节针对式(5.6)给出的水下航行器动力学模型利用反步法进行设计反馈控制，用李雅普诺夫函数分析系统的稳定性。这样设计的反馈控制能使李雅普诺夫函数或其导数具有相应的性质，使系统有界或收敛到一个平衡点。

5.2.1 基于反步法的状态反馈控制

本节旨在解决状态反馈控制器 $\boldsymbol{u}_c(t)$ 的设计问题，这个状态反馈控制器能使式(5.6)中控制系统在初始状态($\boldsymbol{q}(t)=0$，$\boldsymbol{v}(t)=0$)稳定。如第 4 章所述，运动学模型 $\dot{\boldsymbol{q}} = \boldsymbol{G}(\boldsymbol{q})\boldsymbol{v}$ 的点镇定不能通过光滑时不变反馈来实现，只有非光滑或时变反馈律才能解决这种问题，这里采用式(4.39)所示的时变光滑控制器。控制器利用运动学模型的幂形式进行设计。式(4.38)推导出的幂形式为

$$
\begin{aligned}
\dot{y}_1 &= u_1 \\
\dot{y}_2 &= u_2 \\
\dot{y}_3 &= u_3 \\
\dot{y}_4 &= u_4 \\
\dot{z}_{20}^{1} &= y_1 u_2 \\
\dot{z}_{30}^{1} &= y_1 u_3 \\
\dot{z}_{40}^{0} &= u_4
\end{aligned}
\tag{5.7}
$$

幂形式变量为

$$
\begin{aligned}
y_1 &= x_1 \\
y_2 &= x_2 \\
y_3 &= x_4 \\
y_4 &= x_6 \\
z_1 &= z_{20}^{1} = -x_3 + x_1 x_2 \\
z_2 &= z_{30}^{1} = -x_5 + x_1 x_4 \\
z_3 &= z_{40}^{0} = x_6
\end{aligned}
\tag{5.8}
$$

通过式(3.23)中的坐标变换可以将链式向量 $\boldsymbol{x} = [x_1, x_2, x_3, x_4, x_5, x_6]^{\mathrm{T}}$ 转化为如下形式：

$$
\begin{aligned}
x_1 &= \xi_0 = x \\
x_2 &= \alpha_0 = \tan\psi \\
x_3 &= \alpha_1 = y \\
x_4 &= \eta_0 = -\tan\theta\sec\psi \\
x_5 &= z \\
x_6 &= \frac{1}{1 + \mathrm{tr}(\boldsymbol{R})}(r_{32} - r_{23})
\end{aligned}
\tag{5.9}
$$

通过式(3.25)将初始速度分量 $\boldsymbol{v} = [v_x, v_y, v_z, \omega_x, \omega_y, \omega_z]$ 转化为如下形式：

$$u_1 = \cos\psi\cos\theta v_1$$

$$u_2 = \sec^2\psi\sin\phi\mathrm{secc}\theta v_3 + \sec^2\psi\cos\phi\mathrm{secc}\theta v_4$$

$$u_3 = \frac{(-\sin\psi\sin\phi\sin\theta - \cos\psi sos\phi)}{\cos^2\psi\cos^2\theta}v_3 - \frac{(\sin\psi\sin\phi\sin\theta + \cos\psi sos\phi)}{\cos^2\psi\cos^2\theta}v_4$$

$$u_4 = \frac{(1+\cos\psi\cos\theta)v_2 + (\cos\psi\sin\theta\sin\phi - \sin\psi\cos\phi)v_3 + (\sin\psi\sin\theta\cos\phi + \sin\psi\sin\phi)v_4}{1+\cos\psi\cos\theta + \sin\psi\sin\theta\sin\phi + \cos\psi\cos\phi + \cos\phi\cos\theta} \tag{5.10}$$

式(5.7)中动力学模型 $\dot{\boldsymbol{q}} = \boldsymbol{G}(\boldsymbol{q})\boldsymbol{v}$ 的幂形式可简化为

$$\dot{\boldsymbol{v}} = g(\boldsymbol{y})\boldsymbol{u} \tag{5.11}$$

向量 $\boldsymbol{y} = [y_1, y_2, y_3, y_4, z_1, z_2]^{\mathrm{T}}$ 表示幂形式变量,向量 $\boldsymbol{u} = [u_1, u_2, u_3, u_4]^{\mathrm{T}}$ 表示转换后的输入向量。利用动力学模型和运动学模型的幂形式,式(5.6)可表示为

$$\begin{aligned} \boldsymbol{M}\dot{\boldsymbol{u}} &= f(\boldsymbol{u},\boldsymbol{q}) + \boldsymbol{u}_c = \bar{\boldsymbol{u}} \\ \dot{\boldsymbol{y}} &= g(\boldsymbol{y})\boldsymbol{u} \end{aligned} \tag{5.12}$$

其中,$\bar{\boldsymbol{u}} = f(\boldsymbol{v},\boldsymbol{q}) + \boldsymbol{u}_c$ 是控制变量。如前所述,式(5.12)的运动稳定问题是设计一个状态反馈控制器 $\bar{\boldsymbol{u}}(t)$ 使式(5.12)的控制系统在初始状态($\boldsymbol{y}(t)=0, \boldsymbol{u}(t)=0$)稳定。更具体地说,控制器为

$$\bar{\boldsymbol{u}}(t) = F(\boldsymbol{y},\boldsymbol{u}) \tag{5.13}$$

这样闭环动力学系统的初始状态是按指数稳定的,其中 F 是一个非线性算子。这里采用的控制方法本质上与常微分方程的反步反馈控制方法类似[26]。反步法是一种基于李雅普诺夫的反馈线性化控制方法。它是一种递归法,将系统方程的设计问题分解成一系列标量系统的设计问题,下面将继续探讨控制设计问题。

5.2.2 光滑时变反馈控制

首先为式(5.11)设计一个虚拟控制器 $\boldsymbol{u} = H(\boldsymbol{y},t)$ 来使系统稳定在初始状态 $\boldsymbol{y}(t) = \boldsymbol{0}$,其中 $H(\boldsymbol{y},t)$ 是一个非线性映射。这里 $\boldsymbol{u}(t)$ 是动力学模型的一个幂式输入。在第 4 章中已经设计了光滑时变控制,并由式(4.40)给出:

$$\begin{cases} u_1 = -y_1 + \sigma(\rho(z))(\cos t - \sin t) \\ u_2 = -y_2 + c_1\sigma(z_1)\cos t \\ u_3 = -y_3 + c_2\sigma(z_2)\cos t \\ u_4 = -y_4 \end{cases} \tag{5.14}$$

其中,$c_j > 0$,$\sigma: R \to R$ 是一个幅值小于某一 $\delta > 0$ 的非递减 $\boldsymbol{C}^3$ 饱和函数,且在 $(-\delta,\delta)$ 区间内是线性的,对于全局稳定 δ 应该足够小。那么这个饱和函数满足下列条件:

(1) 当$|z|\leqslant\varepsilon$时，有$\sigma(z)=z$；

(2) 对所有z，当$0<\varepsilon<\delta$有$|\sigma(z)|\leqslant\delta$。

根据式(5.14)所示控制器可以得到式(5.11)对应的闭环动力学方程为

$$\begin{cases}\dot{y}=-y_1+\sigma(\rho(z))(\cos t-\sin t)\\ \dot{y}_2=-y_2+c_1\sigma(z_1)\cos t\\ \dot{y}_3=-y_3+c_2\sigma(z_2)\cos t\\ \dot{y}_4=-y_4\\ \dot{z}_1=-y_1y_2+y_1c_1\sigma(z_1)\cos t\\ \dot{z}_1=-y_1y_3+y_1c_2\sigma(z_2)\cos t\end{cases}\tag{5.15}$$

5.2.3 李雅普诺夫稳定性分析

本小节用李雅普诺夫函数分析法验证式(5.15)所示闭环系统的稳定性。稳定性问题的充分条件，就是使闭环动力学方程的初始值$\boldsymbol{y}(t)=0$全局渐近稳定。李雅普诺夫稳定性的定义如下：

定义：如果对于任意实数$\varepsilon>0$，都存在一个实数$\delta=\delta(\varepsilon)>0$使下式成立，则该动力学系统的平衡状态$\boldsymbol{y}=0$是稳定的：

$$\|\boldsymbol{y}(t_0)\|<\delta\Rightarrow\|\boldsymbol{y}(t)\|<\varepsilon\quad\forall t\geqslant t_0\tag{5.16}$$

此外如果δ选择以下形式：

$$\|\boldsymbol{y}(t_0)\|<\delta\Rightarrow\lim_{t\to\infty}\boldsymbol{y}(t)=0\tag{5.17}$$

那么可以认为平衡状态是渐近稳定的。

式(5.15)所示动力学系统的一个平衡点$y=0$的稳定也可以通过定义系统的李雅普诺夫函数$V(t)$来判定。这里$V:D\to\mathscr{R}$是一个定义在包含原点的区域$D\subset\mathscr{R}^6$内的连续可微函数。根据李雅普诺夫函数，稳定性可定义如下：

定义：如果存在一个连续可微分函数$V:D\to\mathscr{R}$满足式(5.18)，则动力学系统（式5.15）的平衡状态$y=0$是稳定的：

$$V(0)=0\ 且\ V(y)>0\quad\forall y\neq 0\tag{5.18}$$

$$\dot{V}(y)\leqslant 0\quad\forall y\in D\tag{5.19}$$

此外如果

$$\dot{V}(y)<0\quad\forall y\neq 0\tag{5.20}$$

那么可以认为平衡状态是渐近稳定的。

对于式(5.15)中的系统，将李雅普诺夫函数$V:D\to\mathscr{R}$设为

$$V(\boldsymbol{y},t) = \frac{1}{2}\boldsymbol{y}^{\mathrm{T}}(t)\boldsymbol{y}(t) \tag{5.21}$$

由于 $V(\boldsymbol{y})$ 是 $V(t)$ 的一个二次函数，因此 $V(\boldsymbol{y})$ 是一个正定函数。$V(\boldsymbol{y})$ 对时间求导数为

$$\dot{V}(\boldsymbol{y},t) = \frac{\partial V(\boldsymbol{y})}{\partial \boldsymbol{y}}\dot{\boldsymbol{y}}(t) = \sum_{i=1}^{6} \frac{\partial V(\boldsymbol{y})}{\partial y_i}\dot{y}_i \tag{5.22}$$

利用中心流形定理可以证明，对于闭环动力学方程，式(5.22)给出的李雅普诺夫函数的导数 $\dot{V}(\boldsymbol{y})$ 是一个负定函数。因此可以判定，利用式(5.14)中的控制器可以使动力学方程在平衡点渐近稳定。同样，对某一 $0<\varepsilon<\delta$，如果存在 δ_0，使得 $\varepsilon<\varepsilon_0$，那么闭环动力学方程是全局渐近稳定的，并且函数 $\dot{V}(\boldsymbol{y})$ 以负定函数 $-W(y)$ 为界，文献[28]给出了详细的证明过程。

5.2.4 动力学模型的控制

在5.2.3节中建立了初始值为 $\boldsymbol{y}(t)=\boldsymbol{0}$ 渐近稳定的运动学模型

$$\dot{\boldsymbol{y}} = g(\boldsymbol{y})\boldsymbol{u} \tag{5.23}$$

其中用到了虚拟控制器

$$\boldsymbol{u}(t) = \boldsymbol{H}(\boldsymbol{y},t) \tag{5.24}$$

因此式(5.15)给出了闭环动力学方程：

$$\dot{\boldsymbol{y}} = g(\boldsymbol{y})\boldsymbol{H}(\boldsymbol{y},t) \tag{5.25}$$

在式(5.21)所示的虚拟李雅普诺夫方程中，闭环系统是渐近稳定的

$$V(\boldsymbol{y},t) = \frac{1}{2}\boldsymbol{y}^{\mathrm{T}}(t)\boldsymbol{y}(t)$$

在控制器、闭环系统和李雅普诺夫函数中，用到了“虚拟”这个术语。这样做是为了强调由于 $\boldsymbol{u}(t)$ 不是一个真实存在的控制变量，式(5.24)中的控制器不能应用于实际。然而，这个虚拟的设计有助于我们理解输入 $\boldsymbol{u}(t)$ 接近 $\boldsymbol{H}(\boldsymbol{y},t)$ 的好处。从对虚拟李雅普诺夫函数 $V(t)$ 的了解，如果要设计一个光滑反馈控制使式(5.12)所示的整个系统的初始状态稳定，需要添加一个虚拟李雅普诺夫函数(式5.21)的术语，来消除 $\boldsymbol{u}(t)$ 和 $H(y,t)$ 之间的差别。为此将动力学方程式(5.25)重写为

$$\dot{\boldsymbol{y}} = g(\boldsymbol{y})\boldsymbol{H}(\boldsymbol{y},t) + g(\boldsymbol{y})\{\boldsymbol{u}(t) - \boldsymbol{H}(\boldsymbol{y},t)\} \tag{5.26}$$

定义 $\boldsymbol{u}(t)$ 和 $\boldsymbol{H}(\boldsymbol{y},t)$ 的差为误差变量 $\boldsymbol{l}(t)=\boldsymbol{u}(t)-\boldsymbol{H}(\boldsymbol{y},t)$，可以得到如下改进的动力学方程：

$$\dot{\boldsymbol{y}}(t) = g(\boldsymbol{y})\boldsymbol{H}(\boldsymbol{y},t) + g(\boldsymbol{y})\boldsymbol{l}(\boldsymbol{t}) \tag{5.27}$$

$$\dot{\boldsymbol{l}}(t) = \dot{\boldsymbol{u}}(t) - \dot{\boldsymbol{H}}(\boldsymbol{y},t) \tag{5.28}$$

将式(5.12)中的动力学模型代入式(5.28)中,可得如下动力学模型:

$$\dot{\boldsymbol{y}}(t) = g(\boldsymbol{y})\boldsymbol{H}(\boldsymbol{y},t) + g(\boldsymbol{y})\boldsymbol{l}(t) \tag{5.29}$$

$$\dot{\boldsymbol{l}}(t) = \frac{\bar{\boldsymbol{u}}(t)}{\boldsymbol{M}} - \dot{\boldsymbol{H}}(\boldsymbol{y},t) = \boldsymbol{u}_n(t) \tag{5.30}$$

其中,$\boldsymbol{u}_n(t) = \dfrac{\bar{\boldsymbol{u}}(t)}{\boldsymbol{M}} - \dot{\boldsymbol{H}}(\boldsymbol{y},t)$是新的控制变量。上述系统与式(5.12)中的系统相似,只不过当输入$\boldsymbol{l}(t)$为零时,式(5.29)所示系统有一个渐近稳定的初始状态。函数$\boldsymbol{H}(\boldsymbol{y},t)$对时间求导,可得

$$\dot{\boldsymbol{H}}(\boldsymbol{y},t) = \frac{\partial \boldsymbol{H}}{d\boldsymbol{y}}\dot{y}(t) = \frac{\partial \boldsymbol{H}}{d\boldsymbol{y}}g(\boldsymbol{y})\boldsymbol{u} \tag{5.31}$$

现在通过添加一个误差项来更改式(5.21)所示的李雅普诺夫函数,使其变为

$$\begin{aligned} V_a(\boldsymbol{y},\boldsymbol{u}) &= V(\boldsymbol{y}) + \frac{1}{2}\boldsymbol{l}^{\mathrm{T}}(t)\boldsymbol{l}(t) \\ &= \frac{1}{2}\boldsymbol{y}^{\mathrm{T}}(t)\boldsymbol{y}(t) + \frac{1}{2}\boldsymbol{l}^{\mathrm{T}}(t)\boldsymbol{l}(t) \end{aligned} \tag{5.32}$$

用式(5.29)和式(5.30)给出式(5.32)中函数对时间的导数为

$$\begin{aligned} \dot{V}_a(\boldsymbol{y},\boldsymbol{u}) &= \frac{\partial V}{\partial \boldsymbol{y}}\dot{\boldsymbol{y}}(t) + \boldsymbol{l}^{\mathrm{T}}(t)\dot{\boldsymbol{l}}(t) \\ &= \frac{\partial V}{\partial \boldsymbol{y}}[g(\boldsymbol{y})\boldsymbol{H}(\boldsymbol{y},t)] + \frac{\partial V}{\partial y}[g(\boldsymbol{y})\boldsymbol{l}(t)] + \boldsymbol{l}^{\mathrm{T}}(t)\boldsymbol{u}_n(t) \end{aligned} \tag{5.33}$$

上述函数的第一项以负定函数$-W(\boldsymbol{y})$为界,因此有

$$\dot{V}_a(\boldsymbol{y},\boldsymbol{u}) \leqslant -W(\boldsymbol{y}) + \frac{\partial V}{\partial \boldsymbol{y}}[g(\boldsymbol{y})\boldsymbol{l}(t)] + \boldsymbol{l}^{\mathrm{T}}(t)u_n(t) \tag{5.34}$$

因此必须选择新的控制器$\boldsymbol{u}_n(t)$,使得该函数的导数或者说使上式右侧第二项和第三项之和也能以一个负定函数为界,选择控制器

$$\boldsymbol{u}_n(t) = -\frac{\partial V}{\partial \boldsymbol{y}}g(\boldsymbol{y}) - k\boldsymbol{l}(t), k > 0 \tag{5.35}$$

由此可得

$$\dot{V}_a(\boldsymbol{y},\boldsymbol{u}) \leqslant -W(\boldsymbol{y}) - k\boldsymbol{l}^{\mathrm{T}}(t)\boldsymbol{l}(t) \tag{5.36}$$

由于$\boldsymbol{l}^{\mathrm{T}}(t)$和$\boldsymbol{l}(t)$的乘积是正定的,并且$k>0$,式(5.29)和式(5.30)中系统的初始状态($\boldsymbol{y}(t)=\boldsymbol{0},\boldsymbol{l}(t)=0$)是渐近稳定的,则反馈控制器为

$$
\begin{aligned}
\boldsymbol{u}_n(t) &= -\frac{\partial V}{\partial y} g(\boldsymbol{y}) - k\boldsymbol{l}(t) \\
&= \sum_{i=1}^{6} \frac{\partial V(\boldsymbol{y})}{\partial y_i} g(\boldsymbol{y}) - k\boldsymbol{l}(t) \\
&= \sum_{i=1}^{6} y_i g(\boldsymbol{y}) - k\boldsymbol{l}(t)
\end{aligned} \tag{5.37}
$$

其中，$g(\boldsymbol{y})$是式(5.7)的非线性函数，并且$\boldsymbol{l}(t)=\boldsymbol{u}(t)-\boldsymbol{H}(\boldsymbol{y},t)$，$\boldsymbol{u}(t)$是由式(5.14)给出的控制器。式(5.12)中原始系统的反馈控制器由下式给出：

$$
\begin{aligned}
\frac{\bar{\boldsymbol{u}}(t)}{M} &= \boldsymbol{u}_n(t) + \dot{\boldsymbol{H}}(\boldsymbol{y},t) \\
\bar{\boldsymbol{u}} &= M[\boldsymbol{u}_n(t) + \dot{\boldsymbol{H}}(\boldsymbol{y},t)]
\end{aligned} \tag{5.38}
$$

利用式(5.31)：可以得到控制器$\bar{\boldsymbol{u}}(t)$的表达式为

$$
\bar{\boldsymbol{u}}(t) = M\left[\boldsymbol{u}_n(t) + \frac{\partial \boldsymbol{H}}{\mathrm{d}\boldsymbol{y}} g(\boldsymbol{y})\boldsymbol{u}(t)\right] \tag{5.39}
$$

其中$\boldsymbol{u}_n(t)$由式(5.37)给出，$\boldsymbol{u}(t)$由式(5.14)给出。对于式(5.37)所示的反馈控制器已经证明式(5.29)和式(5.30)的初始状态($\boldsymbol{y}(t)=\boldsymbol{0}$，$\boldsymbol{l}(t)=\boldsymbol{0}$)是渐近稳定的。但是需要证明的是，式(5.12)中系统的初始状态($\boldsymbol{y}(t)=\boldsymbol{0}$，$\boldsymbol{u}(t)=\boldsymbol{0}$)的渐近稳定性，或者说需要利用式(5.39)的控制器证明$\boldsymbol{u}(t)=\boldsymbol{0}$时的渐近稳定性。下面的命题确立了式(5.12)所示的初始闭环系统的渐近稳定性。

命题：在控制器$\bar{\boldsymbol{u}}(t)=\boldsymbol{M}\left[\boldsymbol{u}_n(t)+\frac{\partial \boldsymbol{H}}{d\boldsymbol{y}}g(\boldsymbol{y})\boldsymbol{u}(t)\right]$作用下，式(5.12)中的系统初始状态($\boldsymbol{y}(t)=\boldsymbol{0}$，$\boldsymbol{u}(t)=0$)是渐近稳定的，其中$\boldsymbol{u}_n(t)$由式(5.37)给出，控制器$\boldsymbol{u}(t)$由式(5.14)给出。

证明：式(5.37)中的控制器使式(5.29)和式(5.30)的初始状态($\boldsymbol{y}(t)=\boldsymbol{0}$，$\boldsymbol{l}(t)=\boldsymbol{0}$)渐近趋于零。由于$\boldsymbol{l}(t)=\boldsymbol{u}(t)-\boldsymbol{H}(\boldsymbol{y},t)$，$\boldsymbol{l}(t)=\boldsymbol{0}$，$\boldsymbol{H}(\boldsymbol{y},t)=\boldsymbol{0}$，所以有$\boldsymbol{y}(t)=\boldsymbol{0}$，$\boldsymbol{u}(t)=\boldsymbol{0}$。由此可得结论：利用式(5.39)中的控制器，初始状态($\boldsymbol{y}(t)=\boldsymbol{0}$，$\boldsymbol{u}(t)=\boldsymbol{0}$)就是渐近稳定的。

第6章　鲁棒反馈控制设计

前面的章节在不考虑控制器不确定因素的条件下,介绍了水下航行器的设计问题。不确定因素是由于控制器设计的模型与实际模型不匹配造成的,包括不确定模型参数或外部干扰。这里认为系统输入是不确定的,目标是尽可能地减小不确定变量对水下航行器运动学模型和动力学模型的影响。设计鲁棒控制器以保证状态的有界性,并且在闭环系统的输出端,通过任意程度渐近衰减来实现不确定变量的渐近稳定。控制器的设计要用到李雅普诺夫直接法[31],它需要已知边界函数来限定不确定项的量级。

本章将针对第3章和第5章给出的水下航行器运动学和动力学模型,在不确定输入控制的条件下进行非线性鲁棒反馈控制器设计。运动学模型和动力学模型的控制器设计的目的都是利用非线性反馈控制器使系统稳定并且在不确定因素存在的情况下保证闭环系统的稳定性。

6.1　基于运动学模型的鲁棒控制

本节将给出不确定控制模型,并在第3章推导的运动学模型基础上提出鲁棒控制设计。问题的关键是如何设计状态反馈控制来实现系统的点镇定。控制设计的任务是在不考虑不确定因素的情况下,保证闭环系统的向量 $\boldsymbol{q}(t)$ 全局渐近稳定。运动学模型由式(3.13)给出为:

$$\dot{\boldsymbol{q}} = G(\boldsymbol{q})\boldsymbol{v} \tag{6.1}$$

这里向量 $\boldsymbol{q} = [\boldsymbol{p} \quad \boldsymbol{\eta}]^{\mathrm{T}} = [x, y, z, \phi, \theta, \psi]^{\mathrm{T}}$ 是在全局参考坐标系中要控制的位置变量,包含六个分量。载体固联坐标系的运动是相对于以洋流速度 $\boldsymbol{v}_c$ 运动的恒定速度坐标系的,由向量 $\boldsymbol{v} = [v_x, v_y, v_z, \omega_x, \omega_y, \omega_z]$ 表示,包含六个速度分量。如第4章所述,运动学模型 $\dot{\boldsymbol{q}} = G(\boldsymbol{q})\boldsymbol{v}$ 的点镇定不能通过光滑时不变反馈实现,只有非光滑控制或时变反馈控制才能解决这种问题。我们采用后一种方法,设计如式(4.39)所示的时变光滑控制器。控制器利用运动学模型的幂形式进行设计,由式(4.38)推导的幂式系统如下:

$$\begin{cases} \dot{y}_1 = u_1 \\ \dot{y}_2 = u_2 \\ \dot{y}_3 = u_3 \\ \dot{y}_4 = u_4 \\ \dot{z}_{20}^1 = y_1 u_2 \\ \dot{z}_{30}^1 = y_1 u_3 \\ \dot{z}_{40}^0 = u_4 \end{cases} \tag{6.2}$$

幂式系统的相关变量取为

$$\begin{cases} y_1 = x_1 \\ y_2 = x_2 \\ y_3 = x_4 \\ y_4 = x_6 \\ z_3 = z_{40}^0 = x_6 \\ z_1 = z_{20}^1 = -x_3 + x_1 x_2 \\ z_2 = z_{30}^1 = -x_5 + x_1 x_4 \end{cases} \tag{6.3}$$

其中,$\boldsymbol{x} = [x_1, x_2, x_3, x_4, x_5, x_6]^{\mathrm{T}}$ 是通过式(3.23)所示的坐标变换得到的链式变量;$\boldsymbol{u} = [u_1, u_2, u_3, u_4]$ 是 $\boldsymbol{v} = [v_x, v_y, v_z, \omega_x, \omega_y, \omega_z]$ 通过式(3.25)所示的转换得到的输入向量。则式(6.2)可以简化为

$$\dot{\boldsymbol{y}} = g(\boldsymbol{y})\boldsymbol{u} \tag{6.4}$$

其中,$\boldsymbol{y} = [y_1, y_2, y_3, y_4, z_1, z_2]^{\mathrm{T}}$ 表示幂形式的变量,$\boldsymbol{u} = [u_1, u_2, u_3, u_4]^{\mathrm{T}}$ 表示转换后的速度输入向量。

6.1.1 不确定输入控制模型

此处认为系统的不确定变量是控制输入或自由流动速度,这意味着在系统控制指令与实际输入指令之间存在误差,因此不确定模型为

$$\dot{\boldsymbol{y}} = g(\boldsymbol{y})[\boldsymbol{u}(t) + \boldsymbol{\theta}] \tag{6.5}$$

式中,$\boldsymbol{\theta} = \boldsymbol{\theta}(t, \boldsymbol{u}, \boldsymbol{y})$ 是在系统输入 $\boldsymbol{u}(t)$ 作用下,代表不确定因素的未知函数。这里的不确定项满足一个重要的结构特性,即在控制变量有输入时状态方程就有输入,该特性将被当作匹配条件。系统的标称模型(不考虑不确定因素)用下式表示:

$$\dot{\boldsymbol{y}} = g(\boldsymbol{y})\boldsymbol{u}$$

首先是针对标称模型设计一个稳定反馈控制器,然后为式(6.4)设计一个

虚拟控制器 $\boldsymbol{u}(t)=H(\boldsymbol{y},t)$ 使初始状态 $\boldsymbol{y}(t)=\boldsymbol{0}$ 稳定，这里 $\boldsymbol{H}(\boldsymbol{y},t)$ 是一个非线性映射，$\boldsymbol{u}(t)$ 是运动学模型的一个幂式输入。第 4 章中设计了光滑时变控制器，由式(4.40)给出

$$\begin{cases}u_1 = -y_1 + \sigma(\rho(z))(\cos t - \sin t)\\ u_2 = -y_2 + c_1\sigma(z_1)\cos t\\ u_3 = -y_3 + c_2\sigma(z_2)\cos t\\ u_4 = -y_4\end{cases} \tag{6.6}$$

其中，$c_j>0,\sigma:R\to R$ 是一个幅值小于某一 $\delta>0$ 的非递减 C^3 饱和函数，且在 $(-\delta,\delta)$ 区间内是线性的，对于全局稳定 δ 应该足够小。那么这个饱和函数满足下列条件：

(1) 当 $|z|\leqslant\varepsilon$ 时，$\sigma(z)=z$；

(2) 对于所有 z 当 $0<\varepsilon<\delta$ 时，有 $|\sigma(z)|\leqslant\delta$。

通过式(6.6)中的控制器可以得到式(6.2)的标称闭环动力学方程为

$$\begin{cases}\dot{y}_1 = -y_1 + \sigma(\rho(z))(\cos t - \sin t)\\ \dot{y}_2 = -y_2 + c_1\sigma(z_1)\cos t\\ \dot{y}_3 = -y_3 + c_2\sigma(z_2)\cos t\\ \dot{y}_4 = -y_4\\ \dot{z}_1 = -y_1y_2 + y_1c_1\sigma(z_1)\cos t\\ \dot{z}_2 = -y_1y_3 + y_1c_2\sigma(z_2)\cos t\end{cases} \tag{6.7}$$

因此，当 $|\boldsymbol{\theta}(t,\boldsymbol{u},\boldsymbol{y})|=0,\boldsymbol{u}(t)=H(\boldsymbol{y},t)$ 时，式(6.7)给出的标称闭环系统 $\dot{\boldsymbol{y}}=g(\boldsymbol{y})H(\boldsymbol{y},t)$ 有一个全局渐近稳定的初始状态。则如 5.2.3 节中证明的那样，存在一个如式(5.21)所述的李雅普诺夫函数：

$$V(\boldsymbol{y},t) = \frac{1}{2}\boldsymbol{y}^{\mathrm{T}}(t)\boldsymbol{y}(t)$$

它的导数 $\dot{V}(\boldsymbol{y})$ 以负定函数 $-W(\boldsymbol{y})$ 为界

$$\dot{V}(\boldsymbol{y}) \leqslant -W(\boldsymbol{y}) \tag{6.8}$$

其中 $W(\boldsymbol{y})$ 是一个正定函数。

6.1.2 基于李雅普诺夫递推设计法的鲁棒控制

本节将针对式(6.5)中所示系统，在不考虑不确定因素的情况下，分析状态反馈控制器使闭环系统稳定的问题。控制器的设计建设性地使用李雅普诺夫直

接法，利用系统的李雅普诺夫函数设计反馈控制。文献[29]中提出了为不确定系统寻找李雅普诺夫函数的标准方法，并称为李雅普诺夫递推设计。在许多文献中都介绍了这种方法，如文献[30]、[31]、[32]。这种方法的核心是用标称系统的李雅普诺夫函数作为不确定系统的李雅普诺夫函数，同一个李雅普诺夫函数的再利用称为递推设计。李雅普诺夫递推设计技术使用标称系统的李雅普诺夫函数去设计一个额外的控制器，来使一类满足匹配条件的强不确定性设计具有鲁棒性，也就是将不确定项和输入在同一点插入状态方程中。李雅普诺夫递推设计能够用来实现系统的鲁棒稳定，目标是为式(6.5)设计一个反馈控制器：

$$\boldsymbol{u}(t) = \boldsymbol{H}(\boldsymbol{y},t) + \boldsymbol{G}(\boldsymbol{y},t) \tag{6.9}$$

实现系统闭环稳定以及 $\boldsymbol{\theta}(t,\boldsymbol{u},\boldsymbol{y})$ 的渐近衰减，其中 $\boldsymbol{G}(\boldsymbol{y},t)$ 是一个非线性算子映射。在式(6.9)中，$\boldsymbol{H}(\boldsymbol{y},t)$ 实现了闭环稳定，而 $\boldsymbol{G}(\boldsymbol{y},t)$ 在 $\boldsymbol{\theta}(t,\boldsymbol{u},\boldsymbol{y})$ 的作用下渐近衰减。函数 $\boldsymbol{H}(\boldsymbol{y},t)$ 使用传统的方法进行递推设计，而函数 $\boldsymbol{G}(\boldsymbol{y},t)$ 的设计被称作李雅普诺夫递推设计[26]，它是在干扰有界的基础上进行的。假设式(6.9)的控制器存在一个能够限定不确定变量大小的光滑函数如下：

$$\begin{aligned}\|\boldsymbol{\theta}(t,\boldsymbol{u},\boldsymbol{y})\| &= \|\boldsymbol{\theta}(t,\boldsymbol{y},(\boldsymbol{H}(\boldsymbol{y},t)+\boldsymbol{G}(\boldsymbol{y},t)))\| \\ &\leqslant \gamma(t,\boldsymbol{y}) + \kappa\|\boldsymbol{G}(\boldsymbol{y},t)\|\end{aligned} \tag{6.10}$$

其中，$\gamma(t,\boldsymbol{y})$ 是一个表征不确定性变量的测量值，是一个非负函数。式(6.10)中，唯一的要求是 $\boldsymbol{\gamma}(t,\boldsymbol{y})$ 不能非常小。由李雅普诺夫函数 $V(t)$、函数 $\gamma(t,\boldsymbol{y})$ 和 $\boldsymbol{\kappa}$ 可知，目标是设计 $\boldsymbol{G}(\boldsymbol{y},t)$ 并将 $\boldsymbol{u}(t)=\boldsymbol{H}(\boldsymbol{y},t)+\boldsymbol{G}(\boldsymbol{y},t)$ 运用在如式(6.5)的实际系统中，使整个闭环系统在不确定性条件下稳定。

在式(6.9)所示反馈控制器的作用下，式(6.5)的闭环动力学模型如下：

$$\dot{\boldsymbol{y}}(t) = \boldsymbol{g}(\boldsymbol{y})\boldsymbol{H}(\boldsymbol{y},t) + \boldsymbol{g}(\boldsymbol{y})\boldsymbol{G}(\boldsymbol{y},t) \tag{6.11}$$

因此，标称闭环动力学系统 $\dot{\boldsymbol{y}}(t)=\boldsymbol{g}(\boldsymbol{y})\boldsymbol{H}(\boldsymbol{y},t)$ 的误差由式(6.7)给出，而基于不确定性输入的系统闭环动力学方程式为

$$\boldsymbol{\theta} = \boldsymbol{g}(\boldsymbol{y})\boldsymbol{G}(\boldsymbol{y},t) \tag{6.12}$$

式(6.12)中的 $\boldsymbol{g}(\boldsymbol{y})$ 为

$$\boldsymbol{g}(\boldsymbol{y}) = \begin{bmatrix} 1 & 0 & 0 & 0 & 0 & 0 \\ 0 & 1 & 0 & 0 & 0 & 0 \\ 0 & 0 & 1 & 0 & 0 & 0 \\ 0 & 0 & 0 & 0 & 1 & 0 \\ 0 & y_1 & 0 & 0 & 0 & 0 \\ 0 & 0 & y_1 & 0 & 0 & 0 \end{bmatrix} \tag{6.13}$$

式(6.9)的控制输入部分为 $\boldsymbol{G}(\boldsymbol{y},t)$，同时用 $\boldsymbol{v}$ 可将式(6.12)重新写为

$$\boldsymbol{\theta} = \boldsymbol{g}(\boldsymbol{y})\boldsymbol{v}$$

不确定项的幅值大小为

$$\|\boldsymbol{\theta}\| = \|\boldsymbol{g}(\boldsymbol{y})\boldsymbol{v}\| \tag{6.14}$$

式(6.14)中的不确定项幅值的界限为

$$\begin{aligned}\|\boldsymbol{\theta}(t,\boldsymbol{y},\boldsymbol{u})\| &\leqslant \|\boldsymbol{g}(\boldsymbol{y})\|\ \|\boldsymbol{v}\| \\ &= \gamma(\boldsymbol{y},t) + \kappa(\boldsymbol{y},t)\boldsymbol{v}\end{aligned} \tag{6.15}$$

其中，$\kappa(\boldsymbol{y},t)=y_1^2$，$\gamma(\boldsymbol{y},t)=\|\boldsymbol{g}(\boldsymbol{y})\|$。它的有界性可以用来设计控制器 $\boldsymbol{G}(\boldsymbol{y},t)$。将式(6.9)的控制器应用到输入不确定的系统(式(6.5))中，因此闭环动力学模型有如下形式：

$$\dot{\boldsymbol{y}}(t) = \boldsymbol{g}(\boldsymbol{y})\boldsymbol{H}(\boldsymbol{y},t) + \boldsymbol{g}(\boldsymbol{y})[\boldsymbol{G}(\boldsymbol{y},t) + \boldsymbol{\theta}(t,\boldsymbol{y},\boldsymbol{u})] \tag{6.16}$$

式(6.16)所示系统是加入扰动的闭环标称系统，其中第三项是扰动项。和前面一样，选择 $V(\boldsymbol{y},t)=\frac{1}{2}\boldsymbol{y}^{\mathrm{T}}(t)\boldsymbol{y}(t)$ 为式(6.16)的李雅普诺夫函数。为设计 $\boldsymbol{G}(\boldsymbol{y},t)$，求解李雅普诺夫函数的导数如下：

$$\dot{V}(\boldsymbol{y},t) = \frac{\partial V(\boldsymbol{y})}{\partial \boldsymbol{y}}\dot{\boldsymbol{y}}(t) = \sum_{i=1}^{6}\frac{\partial V(\boldsymbol{y})}{\partial y_i}\dot{y}_i$$

$$\begin{aligned}\dot{V}(\boldsymbol{y},t) &= \frac{\partial V(\boldsymbol{y})}{\partial \boldsymbol{y}}\{\boldsymbol{g}(\boldsymbol{y})\boldsymbol{H}(\boldsymbol{y},t) + \boldsymbol{g}(\boldsymbol{y})[\boldsymbol{G}(\boldsymbol{y},t) + \boldsymbol{\theta}(t,\boldsymbol{y},\boldsymbol{u})]\} \\ &= \frac{\partial V(\boldsymbol{y})}{\partial \boldsymbol{y}}[\boldsymbol{g}(\boldsymbol{y})\boldsymbol{H}(\boldsymbol{y},t)] + \frac{\partial V(\boldsymbol{y})}{\partial \boldsymbol{y}}g(\boldsymbol{y})[\boldsymbol{G}(\boldsymbol{y},t) + \boldsymbol{\theta}(t,\boldsymbol{y},\boldsymbol{u})] \\ &\leqslant -W(\boldsymbol{y}) + \frac{\partial V(\boldsymbol{y})}{\partial \boldsymbol{y}}g(\boldsymbol{y})[\boldsymbol{G}(\boldsymbol{y},t) + \boldsymbol{\theta}(t,\boldsymbol{y},\boldsymbol{u})]\end{aligned} \tag{6.17}$$

上式中之所以出现“≤”是由于标称闭环系统渐近稳定。我们需要选择一个控制器 $\boldsymbol{G}(\boldsymbol{y},t)$ 以消除 $\boldsymbol{\theta}(t,\boldsymbol{u},\boldsymbol{y})$ 对 $\dot{V}(\boldsymbol{y},t)$ 的不稳定影响。控制器 $G(\boldsymbol{y},t)$ 应该使式(6.17)的右边第二项是半负定，以使系统渐近稳定。用 $\boldsymbol{v}$ 表示 $G(\boldsymbol{y},t)$，式(6.17)可以改写为

$$\dot{V}(\boldsymbol{y},t) \leqslant -W(\boldsymbol{y}) + \frac{\partial V(\boldsymbol{y})}{\partial \boldsymbol{y}}[\boldsymbol{g}(\boldsymbol{y})\boldsymbol{v}(t)] + \frac{\partial V(\boldsymbol{y})}{\partial \boldsymbol{y}}[\boldsymbol{g}(\boldsymbol{y})\boldsymbol{\theta}(t)] \tag{6.18}$$

$$\dot{V}(\boldsymbol{y},t) \leqslant -W(\boldsymbol{y}) + \sum_{i=1}^{6}\frac{\partial V(\boldsymbol{y})}{\partial \boldsymbol{y}}\boldsymbol{g}(\boldsymbol{y})\boldsymbol{v}(t) + \sum_{i=1}^{6}\frac{\partial V(\boldsymbol{y})}{\partial y_i}[\boldsymbol{g}(\boldsymbol{y})\boldsymbol{\theta}(t)] \tag{6.19}$$

利用式(6.15)可得到李雅普诺夫函数导数的上界为

$$\dot{V}(\boldsymbol{y},t) \leqslant -W(\boldsymbol{y}) + \sum_{i=1}^{6} \frac{\partial V(\boldsymbol{y})}{\partial y}\boldsymbol{g}(\boldsymbol{y})\boldsymbol{v}(t) + \sum_{i=1}^{6} \frac{\partial V(\boldsymbol{y})}{\partial y_i}\{\boldsymbol{g}(\boldsymbol{y})[\boldsymbol{\gamma}(\boldsymbol{y},t) + \boldsymbol{\kappa}(\boldsymbol{y},t)\boldsymbol{v}]\}$$

$$\leqslant -W(\boldsymbol{y}) + \sum_{i=1}^{6} \frac{\partial V(\boldsymbol{y})}{\partial y_i}\boldsymbol{g}(\boldsymbol{y})[1 + \boldsymbol{\kappa}(\boldsymbol{y},t)]\boldsymbol{v}(t) + \sum_{i=1}^{6} \frac{\partial V(\boldsymbol{y})}{\partial y_i}[\boldsymbol{g}(\boldsymbol{y})\boldsymbol{\gamma}(\boldsymbol{y},t)] \tag{6.20}$$

其中：

$$\boldsymbol{\omega}^{\mathrm{T}}(\boldsymbol{y}) = \frac{\partial V(\boldsymbol{y})}{\partial \boldsymbol{y}}\boldsymbol{g}(\boldsymbol{y}) = \sum_{i=1}^{6} \frac{\partial V(\boldsymbol{y})}{\partial y_i}g(\boldsymbol{y}) \tag{6.21}$$

则式(6.20)可以写为

$$\dot{V}(\boldsymbol{y},t) \leqslant -W(\boldsymbol{y}) + \boldsymbol{\omega}^{\mathrm{T}}(\boldsymbol{y})[1 + \boldsymbol{\kappa}(\boldsymbol{y},t)]\boldsymbol{v}(t) + \boldsymbol{\omega}^{\mathrm{T}}(\boldsymbol{y})\boldsymbol{\gamma}(\boldsymbol{y},t) \tag{6.22}$$

选择如下的状态反馈控制器：

$$\boldsymbol{v}(t) = -\frac{\boldsymbol{\eta}(\boldsymbol{y},t)}{1 - \boldsymbol{\kappa}(\boldsymbol{y},t)}\boldsymbol{\omega}(\boldsymbol{y},t) \tag{6.23}$$

其中，对于所有 $t \geqslant 0, \boldsymbol{\eta}(\boldsymbol{y},r) \geqslant \boldsymbol{\gamma}(\boldsymbol{y},t)$ 是一个非负函数。该控制器可以使式(6.22)右侧第二项和第三项之和为零，即

$$\boldsymbol{\omega}^{\mathrm{T}}(\boldsymbol{y})[1 + \boldsymbol{\kappa}(\boldsymbol{y},t)]\boldsymbol{v}(t) + \boldsymbol{\omega}^{\mathrm{T}}(\boldsymbol{y})\boldsymbol{\gamma}(\boldsymbol{y},t) = 0 \tag{6.24}$$

然后根据式(6.23)和式(6.24)可以得到

$$\dot{V}(\boldsymbol{y},t) \leqslant -W(\boldsymbol{y})$$

因此，采用式(6.23)的控制器，闭环系统(式 6.16) $V(y,t)$ 的导数是负定的，并且在干扰存在下系统渐近稳定。因此式(6.5)的鲁棒控制器为

$$\boldsymbol{u}(t) = \boldsymbol{H}(\boldsymbol{y},t) - \frac{\boldsymbol{\eta}(\boldsymbol{y},t)}{1 - \boldsymbol{\kappa}(\boldsymbol{y},t)}\boldsymbol{\omega}(\boldsymbol{y},t) \tag{6.25}$$

6.2 基于动力学模型的鲁棒控制

本节将系统地阐述控制模型并提出一种水下航行器动力学模型的鲁棒控制方法，同时研究在不确定输入下系统模型的李雅普诺夫稳定性。这个控制设计结合了李雅普诺夫递推法和反步法，也称为鲁棒反步法。在 5.21 节中由式(5.12)给出的水下航行器动力学模型为

$$\boldsymbol{M}\dot{\boldsymbol{u}} = \boldsymbol{f}(\boldsymbol{u},\boldsymbol{q}) + \boldsymbol{u}_c = \bar{\boldsymbol{u}} \tag{6.26}$$

$$\dot{\boldsymbol{y}} = \boldsymbol{g}(\boldsymbol{y})\boldsymbol{u} \tag{6.27}$$

其中 $\bar{\boldsymbol{u}} = \boldsymbol{f}(\boldsymbol{u},\boldsymbol{q}) + \boldsymbol{u}_c$ 是控制变量。这里 $\boldsymbol{y}(t)$ 与 $\boldsymbol{u}(t)$ 是要控制的变量。对于点

镇定需 $\boldsymbol{y}(t)=\boldsymbol{0}$ 和 $\boldsymbol{u}(t)=\boldsymbol{0}$。

系统的控制输入不确定,有匹配和不匹配两种,这取决于包含不确定项的方程。式(6.27)中有不确定项,通过控制变量 $\boldsymbol{u}(t)$ 输入到方程中,这种情况的不确定性是不匹配的,因为对这个方程 $\boldsymbol{u}(t)$ 是虚拟的控制输入,而不是像式(6.26)中的实际控制输入。控制变量 $\bar{\boldsymbol{u}}(t)$ 也可以有不确定项,这种情况的不确定是匹配的。这两种不确定项也可以同时存在。两种情况的控制方案都可以结合反步法和李雅普诺夫递推法进行鲁棒反步设计。接下来分别讨论这两种情况。

6.2.1 鲁棒反步法:不匹配的不确定项

首先考虑式(6.27)所示标称系统中输入 $\boldsymbol{u}(t)$ 的不确定性。这里的控制设计方法是鲁棒反步法,它结合了反步法和李雅普诺夫递推法。不确定模型为

$$\boldsymbol{M}\dot{\boldsymbol{u}} = \bar{\boldsymbol{u}} \tag{6.28}$$

$$\dot{\boldsymbol{y}} = \boldsymbol{g}(\boldsymbol{y})[\boldsymbol{u}(t) + \boldsymbol{\theta}] \tag{6.29}$$

其中 $\boldsymbol{\theta}=\boldsymbol{\theta}(t,\boldsymbol{u},\boldsymbol{y})$ 是式(6.27)中考虑扰动输入 $\boldsymbol{u}(t)$ 下的未知函数。式(6.28)中动力学系统的不确定项是不匹配的,因为尽管它通过虚拟输入 $\boldsymbol{u}(t)$ 输入到式(6.26)中,然而它和输入 $\bar{\boldsymbol{u}}$ 不同时进入系统。因此,第一步使用李雅普诺夫递推法为式(6.29)设计一个鲁棒控制器,第二步再使用反步法找出整个系统(式(6.28))的控制器设计。

1. 李雅普诺夫递推法

使用李雅普诺夫递推法为式(6.29)设计一个鲁棒控制器。目的是为式(6.30)设计鲁棒控制器

$$\boldsymbol{u}(t) = \boldsymbol{H}(\boldsymbol{y},t) + \boldsymbol{v}(t) = \overline{\boldsymbol{H}}(\boldsymbol{y},t) \tag{6.30}$$

实现闭环稳定和 $\boldsymbol{\theta}(t,\boldsymbol{u},\boldsymbol{y})$ 的渐近衰减。式(6.30)中的 $\boldsymbol{H}(\boldsymbol{y},t)$ 实现了闭环稳定并且在 $\boldsymbol{\theta}(t,\boldsymbol{u},\boldsymbol{y})$ 作用下实现 $\boldsymbol{v}(t)$ 渐近衰减。函数 $\boldsymbol{H}(\boldsymbol{y},t)$ 的设计是在式(6.27)中的标称模型反馈线性化基础上实现的,$\boldsymbol{v}(t)$ 利用李雅普诺夫递推法进行设计。标称模型(式(6.27))为

$$\dot{\boldsymbol{y}} = \boldsymbol{g}(\boldsymbol{y})\boldsymbol{u}$$

由式(4.40)得到的标称模型的稳定反馈控制器 $\boldsymbol{u}(t)=\boldsymbol{H}(\boldsymbol{y},t)$ 为

$$\begin{aligned} u_1 &= -y_1 + \sigma(\rho(z))(\cos t - \sin t) \\ u_2 &= -y_2 + c_1\sigma(z_1)\cos t \\ u_3 &= -y_3 + c_2\sigma(z_2)\cos t \\ u_4 &= -y_4 \end{aligned} \tag{6.31}$$

其中，$c_j>0$，$\sigma:R\to R$ 是一个幅值小于某一 $\delta>0$ 的非递减 $\boldsymbol{C}^3$ 饱和函数，且在 $(-\delta,\delta)$ 范围内是线性的，对于全局稳定 δ 应该足够小。那么这个饱和函数满足下列条件：

(1) 当 $|z|\leqslant\varepsilon$ 时，$\sigma(z)=z$；

(2) 对于所有 z 当 $0<\varepsilon<\delta$ 时，有 $|\sigma(z)|\leqslant\delta$。

得到式(6.7)给出的虚拟标称闭环系统：

$$\dot{\boldsymbol{y}}(t)=\boldsymbol{g}(\boldsymbol{y})\boldsymbol{H}(\boldsymbol{y},t) \tag{6.32}$$

标称闭环模型(式(6.32))有一个渐近稳定初始状态，并且存在一个由式(5.21)给出的李雅普诺夫函数 $V(t)$

$$V(\boldsymbol{y},t)=\frac{1}{2}\boldsymbol{y}^{\mathrm{T}}(t)\boldsymbol{y}(t)$$

它满足

$$\dot{V}(\boldsymbol{y})\leqslant -W(\boldsymbol{y}) \tag{6.33}$$

其中 $W(y)$ 是一个正定函数。利用式(6.31)，则式(6.30)所示的控制器变为

$$\boldsymbol{u}(t)=\boldsymbol{H}(\boldsymbol{y},t)+\boldsymbol{v}(t) \tag{6.34}$$

得到式(6.27)的闭环动力学模型如下所示：

$$\dot{\boldsymbol{y}}(t)=\boldsymbol{g}(\boldsymbol{y})\boldsymbol{H}(\boldsymbol{y},t)+\boldsymbol{g}(\boldsymbol{y})\boldsymbol{v}(t) \tag{6.35}$$

因此，式(6.32)和式(6.35)所示的闭环动力学模型中由于输入不确定引起的误差为

$$\boldsymbol{\theta}(t,\boldsymbol{y},\boldsymbol{u})=\boldsymbol{g}(\boldsymbol{y})\boldsymbol{v}(t) \tag{6.36}$$

其中，$\boldsymbol{g}(\boldsymbol{y})$ 由式(6.13)给出，由式(6.15)引起的不确定项的大小为

$$\|\boldsymbol{\theta}(t,\boldsymbol{y},\boldsymbol{u})\|\leqslant\|\boldsymbol{g}(\boldsymbol{y})\|\|\boldsymbol{v}(t)\|=\gamma(\boldsymbol{y},t)+\kappa(\boldsymbol{y},t)\|\boldsymbol{v}(t)\| \tag{6.37}$$

前面的章节通过李雅普诺夫递推法设计控制器 $\boldsymbol{v}(t)$ 如下：

$$\boldsymbol{v}(t)=-\frac{\eta(\boldsymbol{y},t)}{1-\kappa(\boldsymbol{y},t)}\boldsymbol{\omega}(\boldsymbol{y},t) \tag{6.38}$$

其中，对于所有的 $t\geqslant0$，$\eta(\boldsymbol{y},t)\geqslant\gamma(\boldsymbol{y},t)$ 是一个非负函数。通过该控制器，可以看出式(6.29)的闭环系统在存在干扰的情况下是渐近稳定的。因此式(6.29)的鲁棒控制器为

$$\boldsymbol{u}(t)=\boldsymbol{H}(\boldsymbol{y},t)-\frac{\eta(\boldsymbol{y},t)}{1-\kappa(\boldsymbol{y},t)}\boldsymbol{\omega}(\boldsymbol{y},t) \tag{6.39}$$

2. 基于反步法的控制

使用5.2.1节描述的反步法为式(6.28)所示的整个系统设计一个反馈控制器。目的是在式(6.29)所示的李雅普诺夫函数 $V(t)$ 的基础上设计一个使整个系统稳定的反馈控制器 $\bar{\boldsymbol{u}}(t)$,并对系统进行修正。我们采用与5.2.1节类似的方法来进行控制器设计,步骤如下:

(1) 首先根据前面的步骤为式(6.29)设计一个虚拟控制器 $\boldsymbol{u}(t)=\overline{\boldsymbol{H}}(\boldsymbol{y},t)$,使初始状态 $\boldsymbol{y}(t)=\boldsymbol{0}$ 稳定。在此基础上,式(6.29)所示的虚拟闭环动力学模型就是渐近稳定的,并且存在如(式(5.21))所示的李雅普诺夫函数满足 $\dot{V}(t)\leqslant -W(\boldsymbol{y})$。

(2) 由于 $\boldsymbol{u}(t)$ 不是实际控制变量,定义 $\boldsymbol{u}(t)$ 和 $\overline{\boldsymbol{H}}(\boldsymbol{y},t)$ 之间的差为误差变量 $\boldsymbol{l}(t)=\boldsymbol{u}(t)-\overline{\boldsymbol{H}}(\boldsymbol{y},t)$,得到如下修正的动力学模型:

$$\dot{\boldsymbol{y}}(t)=\boldsymbol{g}(\boldsymbol{y})[\overline{\boldsymbol{H}}(\boldsymbol{y},t)+\boldsymbol{l}(t)] \tag{6.40}$$

$$\dot{\boldsymbol{l}}(t)=\boldsymbol{u}_n(t) \tag{6.41}$$

其中 $\boldsymbol{u}_n(t)=\dfrac{\bar{\boldsymbol{u}}(t)}{M}-\dot{\overline{\boldsymbol{H}}}(\boldsymbol{y},t)$ 是新的控制变量。

(3) 通过在式(5.32)中添加误差项来修正李雅普诺夫函数,如下所示:

$$V_a(\boldsymbol{y},\boldsymbol{u})=V(\boldsymbol{y})+\frac{1}{2}\boldsymbol{l}^{\mathrm{T}}(t)\boldsymbol{l}(t)$$

其中 $\boldsymbol{l}(t)=\boldsymbol{u}(t)-\overline{\boldsymbol{H}}(\boldsymbol{y},t)$,式(5.37)给出的控制器 $\boldsymbol{u}_n(t)$ 为

$$\begin{aligned}\boldsymbol{u}_n(t)&=-\frac{\partial V}{\partial \boldsymbol{y}}g(\boldsymbol{y})-k\boldsymbol{l}(t)\\&=\sum_{i=1}^{6}\frac{\partial V(\boldsymbol{y})}{\partial y_i}g(\boldsymbol{y})-k\boldsymbol{l}(t)\\&=\sum_{i=1}^{6}y_i g(\boldsymbol{y})-k\boldsymbol{l}(t)\end{aligned} \tag{6.42}$$

该控制器保证了式(6.40)和式(6.41)所示系统的初始状态是渐近稳定的。因此,式(6.28)和式(6.29)最终的鲁棒反馈控制如下式所示:

$$\bar{\boldsymbol{u}}(t)=M\left[\boldsymbol{u}_n(t)+\frac{\partial\overline{\boldsymbol{H}}}{d\boldsymbol{y}}g(\boldsymbol{y})\boldsymbol{u}(t)\right] \tag{6.43}$$

其中,$u_n(t)$ 由式(6.42)给出,且

$$\boldsymbol{u}(t)=\overline{\boldsymbol{H}}(\boldsymbol{y},t)=\boldsymbol{H}(\boldsymbol{y},t)-\frac{\eta(\boldsymbol{y},t)}{1-k(\boldsymbol{y},t)}\boldsymbol{\omega}(\boldsymbol{y},t) \tag{6.44}$$

6.2.2 鲁棒控制:匹配的不确定项

假设式(6.26)所示的整个系统输入 $\bar{\boldsymbol{u}}(t)$ 中存在不确定因素,得到输入不确定模型为

$$M\dot{\boldsymbol{u}} = \bar{\boldsymbol{u}}(t) + \boldsymbol{\theta}(t) \tag{6.45}$$

$$\dot{\boldsymbol{y}} = g(\boldsymbol{y})\boldsymbol{u}(t) \tag{6.46}$$

这里不确定因素是匹配的,因为它与实际控制输入 $\bar{\boldsymbol{u}}(t)$ 同时进入系统。当 $|\boldsymbol{\theta}(t,\bar{\boldsymbol{u}},\boldsymbol{y})|=0$ 时系统的标称模型由式(6.26)和式(6.28)给出。因此,第一步通过反步法为标称模型设计反馈控制器。然后,使用李雅普诺夫递推法为式(6.45)所示不确定系统设计鲁棒控制器。则控制设计如下:

1. 基于反步法的控制

利用反步法为式(6.26)和式(6.28)所示的标称动力学系统设计一个反馈控制器 $\bar{\boldsymbol{u}}(t)=\boldsymbol{F}(\boldsymbol{y},\boldsymbol{u})$。参照5.2.4节中式(5.39),设计控制器如下:

$$\bar{\boldsymbol{u}}(t) = M\left[\boldsymbol{u}_n(t) + \frac{\partial \boldsymbol{H}}{d\boldsymbol{y}}g(\boldsymbol{y})\boldsymbol{u}(t)\right] \tag{6.47}$$

由式(5.37)给出的控制变量 $\boldsymbol{u}_n(t)$ 为

$$\begin{aligned}\boldsymbol{u}_n(t) &= -\frac{\partial V}{\partial \boldsymbol{y}}g(\boldsymbol{y}) - k\boldsymbol{l}(t)\\ &= \sum_{i=1}^{6}\frac{\partial V(\boldsymbol{y})}{\partial y_i}g(\boldsymbol{y}) - k\boldsymbol{l}(t)\\ &= \sum_{i=1}^{6}y_i g(\boldsymbol{y}) - k\boldsymbol{l}(t)\end{aligned} \tag{6.48}$$

其中,$g(\boldsymbol{y})$ 是式(6.13)给出的非线性系统函数,且 $\boldsymbol{l}(t)=\boldsymbol{u}(t)-\boldsymbol{H}(\boldsymbol{y},t)$,$\boldsymbol{u}(t)$ 为式(6.6)给出的控制器。在式(6.47)的控制器下,式(6.26)和式(6.28)所示的标称系统是渐近稳定的,并且存在一个如式(5.32)所示的李雅普诺夫函数 $V_a(\boldsymbol{y},\boldsymbol{u})$

$$\begin{aligned}V_a(\boldsymbol{y},\boldsymbol{u}) &= V(\boldsymbol{y}) + \frac{1}{2}\boldsymbol{l}^{\mathrm{T}}(t)\boldsymbol{l}(t)\\ &= \frac{1}{2}\boldsymbol{y}^{\mathrm{T}}(t)\boldsymbol{y}(t) + \frac{1}{2}\boldsymbol{l}^{\mathrm{T}}(t)\boldsymbol{l}(t)\end{aligned} \tag{6.49}$$

它的导数满足下面的不等式:

$$\dot{V}_a(\boldsymbol{y},\boldsymbol{u}) \leqslant -W(\boldsymbol{y}) - k\boldsymbol{l}^{\mathrm{T}}(t)\boldsymbol{l}(t),k>0 \tag{6.50}$$

2. 李雅普诺夫函数递推设计

使用李雅普诺夫递推法为式(6.45)和式(6.46)中的不确定模型设计一个鲁棒控制器,目的是设计反馈控制

$$\hat{\boldsymbol{u}}(t)=\bar{\boldsymbol{u}}(t)+\boldsymbol{v}(t) \tag{6.51}$$

实现闭环稳定和$\boldsymbol{\theta}(t,\boldsymbol{y},\bar{\boldsymbol{u}})$的渐近衰减。$\bar{\boldsymbol{u}}(t)$由式(6.47)给出,且$\boldsymbol{v}(t)$利用李雅普诺夫递推法进行设计。当使用反馈控制器$\hat{\boldsymbol{u}}(t)=\bar{\boldsymbol{u}}(t)+\boldsymbol{v}(t)$时,由输入不确定项引起的标称模型与实际模型间的闭环动力学系统误差为

$$\boldsymbol{\theta}(t,\boldsymbol{y},\bar{\boldsymbol{u}})=\boldsymbol{v}(t)$$

该不确定项的大小为

$$\|\boldsymbol{\theta}\|=\|\boldsymbol{v}(t)\| \tag{6.52}$$

式(6.52)所示不确定项的大小范围可以表示为

$$\|\boldsymbol{\theta}(t,\boldsymbol{y},\boldsymbol{u})\|\leqslant\kappa(\boldsymbol{y},t)\|\boldsymbol{v}(t)\| \tag{6.53}$$

其中$\kappa(\boldsymbol{y},t)>0$。应用式(6.51)的控制器后,李雅普诺夫函数$V_a(t)$的导数为

$$\dot{V}_a(\boldsymbol{y},\boldsymbol{u})=\frac{\partial V}{\partial \boldsymbol{y}}\dot{\boldsymbol{y}}(t)+\boldsymbol{l}^{\mathrm{T}}(t)\dot{\boldsymbol{l}}(t)$$

同时

$$\boldsymbol{l}(t)=\boldsymbol{u}(t)-\boldsymbol{H}(\boldsymbol{y},t)$$

且

$$\dot{\boldsymbol{l}}(t)=\frac{\bar{\boldsymbol{u}}(t)}{M}-\dot{\boldsymbol{H}}(\boldsymbol{y},t)+\frac{\boldsymbol{v}(t)}{M}+\frac{\boldsymbol{\theta}}{M}$$

因此,$V_a(t)$的导数为

$$\dot{V}_a(\boldsymbol{y},\boldsymbol{u})=\frac{\partial V}{\partial \boldsymbol{y}}[\boldsymbol{g}(\boldsymbol{y})\boldsymbol{H}(\boldsymbol{y},t)]+\boldsymbol{l}^{\mathrm{T}}(t)\left[\frac{\bar{\boldsymbol{u}}(t)}{M}-\dot{\boldsymbol{H}}(\boldsymbol{y},t)+\frac{\boldsymbol{v}(t)}{M}+\frac{\boldsymbol{\theta}}{M}\right]$$

利用式(6.50),可以得到:

$$\dot{V}_a(\boldsymbol{y},\boldsymbol{u})\leqslant-W(\boldsymbol{y})-k\boldsymbol{l}^{\mathrm{T}}(t)\boldsymbol{l}(t)+\boldsymbol{l}^{\mathrm{T}}(t)\left[\frac{\boldsymbol{v}(t)}{M}+\frac{\boldsymbol{\theta}}{M}\right] \tag{6.54}$$

将不等式(6.53)代入式(6.54),有:

$$\begin{aligned}\dot{V}_a(\boldsymbol{y},\boldsymbol{u})&\leqslant-W(\boldsymbol{y})-k\boldsymbol{l}^{\mathrm{T}}(t)\boldsymbol{l}(t)+\boldsymbol{l}^{\mathrm{T}}(t)\left[\frac{\boldsymbol{v}(t)}{M}+\frac{\kappa(\boldsymbol{y},t)\boldsymbol{v}(t)}{M}\right]\\&\leqslant-W(\boldsymbol{y})-k\boldsymbol{l}^{\mathrm{T}}(t)\boldsymbol{l}(t)+\boldsymbol{l}^{\mathrm{T}}(t)\left[\frac{1+\kappa(\boldsymbol{y},t)}{M}\right]\boldsymbol{v}(t)\end{aligned} \tag{6.55}$$

选取如下控制器$\boldsymbol{v}(t)$:

$$\boldsymbol{v}(t)=-\frac{\eta(\boldsymbol{y},t)}{1-\kappa(\boldsymbol{y},t)}\boldsymbol{\omega}(t) \tag{6.56}$$

其中，$\boldsymbol{\omega}^{\mathrm{T}}(t)=\dfrac{\boldsymbol{l}^{\mathrm{T}}(t)}{M}$，$\eta(\boldsymbol{y},t)\geqslant\gamma(\boldsymbol{y},t)$，利用该控制器，式(6.55)化为

$$\dot{V}_a(\boldsymbol{y},\boldsymbol{u})\leqslant -W(\boldsymbol{y})-k\boldsymbol{l}^{\mathrm{T}}(t)\boldsymbol{l}(t)$$

因此只要 $k>0$，式(6.56)所示的控制器是渐近稳定的。鲁棒反馈控制器为 $\hat{\boldsymbol{u}}(t)=\bar{\boldsymbol{u}}(t)+\boldsymbol{v}(t)$，其中，$\bar{\boldsymbol{u}}(t)$ 由式(6.47)给出，$\boldsymbol{v}(t)$ 由式(6.56)给出。

6.2.3 鲁棒控制:两种不确定项同时存在

现在讨论动力学模型同时存在匹配的和不匹配的不确定项的情况。这意味着式(6.26)所示的整个系统的输入 $\bar{\boldsymbol{u}}(t)$ 中有不确定项，式(6.27)中的系统输入 $\boldsymbol{u}(t)$ 中也有不确定项。因此，得到不确定模型为

$$M\dot{\boldsymbol{u}}=\bar{\boldsymbol{u}}(t)+\boldsymbol{\theta}_1(t) \tag{6.57}$$

$$\dot{\boldsymbol{y}}=g(\boldsymbol{y})[\boldsymbol{u}(t)+\boldsymbol{\theta}_2(t)] \tag{6.58}$$

不确定项既有匹配的又有不匹配的。误差 $\boldsymbol{\theta}_1$ 与 $\boldsymbol{\theta}_2$ 由式(6.52)和式(6.36)给出，分别为 $\boldsymbol{\theta}_1(t,\boldsymbol{y},\bar{\boldsymbol{u}})=\boldsymbol{v}_1(t)$，$\boldsymbol{\theta}_2(t,\boldsymbol{y},\boldsymbol{u})=g(\boldsymbol{y})\boldsymbol{v}_2(t)$，并且 $\|\boldsymbol{\theta}_1(t,\boldsymbol{y},\boldsymbol{u})\|\leqslant\kappa(y,t)\|\boldsymbol{v}_1(t)\|$，$\|\boldsymbol{\theta}_1(t,\boldsymbol{y},\boldsymbol{u})\|\leqslant\kappa(\boldsymbol{y},t)\|\boldsymbol{v}_1(t)\|$。将结合 6.2.1 节和6.2.2 节中得到的匹配的和不匹配的不确定项进行控制设计。步骤如下：

1. 基于李雅普诺夫递推法的控制

使用李雅普诺夫递推法为式(6.58)设计一个鲁棒反馈控制器 $\boldsymbol{u}(t)=\boldsymbol{H}(\boldsymbol{y},t)+\boldsymbol{v}_2(t)$，由式(6.39)给出的控制器为

$$\boldsymbol{u}(t)=\boldsymbol{H}(\boldsymbol{y},t)-\frac{\eta(\boldsymbol{y},t)}{1-\kappa(\boldsymbol{y},t)}\boldsymbol{\omega}(\boldsymbol{y},t) \tag{6.59}$$

其中，$\boldsymbol{v}_2(t)=-\dfrac{\eta(\boldsymbol{y},t)}{1-\kappa(\boldsymbol{y},t)}\boldsymbol{\omega}(\boldsymbol{y},t)$，$\boldsymbol{H}(\boldsymbol{y},t)$ 由式(6.6)给出。在不确定变量 θ_2 存在条件下，该控制器使式(6.58)稳定。式(6.33)给出李雅普诺夫函数 $V(\boldsymbol{y},t)=\dfrac{1}{2}\boldsymbol{y}^{\mathrm{T}}(t)\boldsymbol{y}(t)$。

2. 基于反步法的控制

使用反步法为标称模型（无不确定项 $\boldsymbol{\theta}_1$ 的模型）设计一个控制器。式(6.28)和式(6.29)给出标称模型：

$$M\dot{\boldsymbol{u}}=\bar{\boldsymbol{u}} \tag{6.60}$$

$$\dot{\boldsymbol{y}}=g(\boldsymbol{y})[\boldsymbol{u}(t)+\boldsymbol{\theta}_2(t)] \tag{6.61}$$

式(6.43)给出的控制器 $\bar{\boldsymbol{u}}(t)$ 如下：

$$\bar{\boldsymbol{u}}(t) = M\left[\boldsymbol{u}_n(t) + \frac{\partial \overline{\boldsymbol{H}}}{d\boldsymbol{y}} g(\boldsymbol{y})\boldsymbol{u}(t)\right] \tag{6.62}$$

式(6.42)给出的控制器 $\boldsymbol{u}_n(t)$ 为

$$\begin{aligned} \boldsymbol{u}_n(t) &= -\frac{\partial V}{\partial \boldsymbol{y}} g(\boldsymbol{y}) - k\boldsymbol{l}(t) \\ &= \sum_{i=1}^{6} \frac{\partial V(\boldsymbol{y})}{\partial y_i} g(\boldsymbol{y}) - k\boldsymbol{l}(t) \\ &= \sum_{i=1}^{6} y_i g(\boldsymbol{y}) - k\boldsymbol{l}(t) \end{aligned} \tag{6.63}$$

其中,$\boldsymbol{l}(t) = \boldsymbol{u}(t) - \overline{\boldsymbol{H}}(\boldsymbol{y},t)$ 且 $\overline{\boldsymbol{H}}(\boldsymbol{y},t) = \boldsymbol{H}(\boldsymbol{y},t) - \frac{\eta(\boldsymbol{y},t)}{1-\kappa(\boldsymbol{y},t)}\boldsymbol{\omega}(\boldsymbol{y},t)$。该系统的修正李雅普诺夫函数为

$$V_a(\boldsymbol{y},\boldsymbol{u}) = V(\boldsymbol{y}) + \frac{1}{2}\boldsymbol{l}^{\mathrm{T}}(t)\boldsymbol{l}(t)$$

3. 基于李雅普诺夫反步法的控制

使用6.2.2 节中的李雅普诺夫反步法为整个系统设计鲁棒反馈控制器 $\hat{\boldsymbol{u}}(t) = \bar{\boldsymbol{u}}(t) + \boldsymbol{v}_1(t)$,该反馈控制器为

$$\hat{\boldsymbol{u}}(t) = \bar{\boldsymbol{u}}(t) + \boldsymbol{v}_1(t) = \bar{\boldsymbol{u}}(t) - \frac{\eta(\boldsymbol{y},t)}{1-\kappa(\boldsymbol{y},t)}\boldsymbol{\omega}(t) \tag{6.64}$$

控制器 $\bar{\boldsymbol{u}}(t)$ 由式(6.22)给出。该系统的李雅普诺夫函数与前面步骤中的相同。因此,用这个控制器可以实现渐近稳定与扰动衰减。

本章为水下航行器的运动学和动力学模型设计了不确定输入的鲁棒反馈控制器。对于不确定项是匹配的运动学模型,采用了李雅普诺夫递推法来实现扰动衰减。对于动力学模型,分别讨论了匹配的和不匹配的不确定项以及两者的结合,采用了李雅普诺夫递推法和反步法相结合的鲁棒反步法。所有的控制器设计均实现了渐近稳定和扰动衰减。

参考文献

[1] A. D. Luca, G. Oriolo, C. Samson. Feedback control of a nonholonomic car - like robot, in J. P. Laumond (ed.), Robot motion planning and control, 170 - 250, Springer, 1998.

[2] R. W. Brockett. Asymptotic stability and feedback stabilization, in R. W. Brockett, R. S. Millman, H. J. Sussman (eds.), Differential geometric control theory, 181 - 208, Birkhauser, 1993.

[3] C. Samson. Control of chained systems application to path following and time varying point stabilization of mobile robots, IEEE Transactions on Automatic Control, 40(1), 64 - 77, 1995.

[4] J. B. Pomet. Explicit design of time - varying stabilizing control laws for a class of controllable systems without drift, System and Control Letters, 18, 147 - 158, 1992.

[5] A. Astolfi. Discontinuous output feedback control of nonholonomic chained systems, in Proceedings of the 3rd European Control Conference, 1995.

[6] C. Canudas de Wit, O. J. S rdalen. Exponential stabilization of mobile robots with nonholonomic constraints, IEEE Transactions on Automatic Control, 37(11), 1791 - 1797, 1992.

[7] A. R. Teel, R. M. Murray, G. Walsh. Nonholonomic control systems: From steering to stabilization with *sin*usoids, in Proceedings of the 31st Conference on Decision and Control, Tucson, AZ, December 1992, 1603 - 1609.

[8] A. Tayebi, A. Rachid. A time - varying - based robust control for the parking problem of a wheeled mobile robot, in Proceedings, of the IEEE International Conference on Robotics and Automation, April 1996, 3099 - 3104.

[9] O. Egeland, O. J. S rdalen. Exponential stabilization of nonholonomic chained systems, IEEE Transactions on Automatic Control, 1, 35 - 49, 1995.

[10] R. M. Murray, S. Sastry. Steering nonholonomic systems in chained form, in IEEE Proceedings of the 30th Conference on Decision and Control, December 1991, 1121 - 1126.

[11] R. M. Murray, S. Sastry. Nonholonomic motion planning: Steering using sinusoids, IEEE Transactions on Automatic Control, 38(5), 700 - 716, 1993.

[12] A. de Luca, G. Oriolo. Modeling and control of nonholonomic mechanical systems, in Nonholonomic mechanical systems.

[13] G. Oriolo, A. D. Luca, M. Vendittelli. WMR control via dynamic feedback linearization: Design, implementation and experimental validation, IEEE Transactions on Control Systems Technology, 10(6), 835 -

852, 2002.

[14] A. Isidori. Nonlinear control systems, 3rd ed., London: Springer – Verlag, 1995.

[15] O. Egeland, E. Berglund, O. J. S rdalen. Exponential stabilization of a nonholonomic underwater vehicle with constant desired configuration, in Proceedings of the 1994 IEEE International Conference on Robotics and Automation, 1994, 20 – 26.

[16] M. W. Spong, M. Vidyasagar. Robot dynamics and control, New York: John Wiley, 1989.

[17] R. M. Murray. Nilpotent bases for a class of non – integrable distributions with applications to trajectory generation for nonholonomic systems, Mathematics of Controls, Signals, and Systems, 7(1), 58 – 75, 1994.

[18] R. M. Murray, S. Sastry. Steering nonholonomic systems using sinusoids, IEEE Proceedings of the 29th Conference on Decision and Control, December 1990, 2097 – 2101.

[19] L. G. Bushnell, D. M. Tilbury, S. S. Sastry. Steering three input nonholonomic systems: The fire truck example, in European Controls Conference, 1993, 1432 – 1437.

[20] D. Tilbury, O. Sørdalen, L. Bushnell, S. Sastry. A multi – steering trailer system: Conversion into chained form using dynamic feedback, IEEE Transactions on Robotics and Automation, 11(6), 807 – 818, 1995.

[21] T. Kailath. Linear systems, Englewood Cliffs, NJ: Prentice Hall, 1980.

[22] Y. Nakamura, S. Savant. Nonlinear tracking control of autonomous underwater vehicles, in Proceedings of the 1992 IEEE International Conference on Robotics and Automation, Nice, France, May 1992, A4 – A9.

[23] Y. Nakamura, S. Savant. Nonholonomic motion control of an autonomous underwater vehicle, in IEEE International Workshop on Intelligent Robots and Systems IROS '91, Osaka, Japan. November 3 – 5, 1991, 1254 – 1259.

[24] G. C. Walsh, L. G. Bushnell. Stabilization of multiple input chained form control systems, in IEEE Proceedings of the 32nd Conference on Decision and Control, San Antonio, TX, December 1993, 959 – 964.

[25] O. J. Sørdalen, M. Dalsmo, O. Egeland. An exponentially convergent law for a non – holonomic underwater vehicle, in 1993 IEEE International Conference on Robotics and Automation, Atlanta, GA, May 2 – 7, 1993, 790 – 795.

[26] H. K. Khalil. Nonlinear systems, New York: Macmillan, 1992.

[27] A. J. Healy, D. Lienard. Multivariable sliding mode control for autonomous diving and steering of unmanned underwater vehicles, IEEE Journal of Oceanic Engineering, 18(3), 1993, 327 – 339.

[28] R. Cristi, F. A. Papoulias, A. J. Healy. Adaptive sliding mode control of autonomous underwater vehicles in the dive plane, IEEE Journal of Oceanic Engineering, 15(3), 1990, 152 – 160.

[29] M. J. Corless and G. Leitmann. Continuous state feedback guaranteeing uniform ultimate boundedness for uncertain dynamic systems. IEEE Transactions on Automatic Control, 26 (9), 1139 – 1144, 1981.

[30] L. C. Evans. Partial differential equations. Providence, R1: American Mathematical Society, 1998.

[31] A. Isidori. Nonlinear control systems II, New York: Springer, 1998.

[32] R. A. Freeman and P. V. Kokotovic. Robust nonlinear control design: State – space and Lyapunov techniques. Boston, MA: Birkhauser, 1996.

[33] J. D. Anderson. Fundamentals of Aerodynamics. New York: McGraw Hill, 2001.

内 容 简 介

本书全面、系统地阐述了自主水下航行器的建模、控制设计和仿真。首先描述了水下航行器的结构及运动学原理，给出了所涉及的数学知识；然后分析了自主水下航行器控制问题的数学描述，建立了自主水下航行器的运动学模型和动力学模型，探讨了可控性分析的相关问题；针对水下航行器的运动学模型和动力学模型分别进行了控制设计和仿真，最后分别介绍了运动学模型和动力学模型下的鲁棒反馈控制设计。

本书可作为高等院校船舶与海洋工程、自动控制、探测制导与控制技术等相关专业的本科生和研究生教材，也可供从事控制理论与控制工程研究的相关技术人员作为参考书，本书中的结果还可扩展到其他非线性控制领域的相似问题。